JN071820

教行信証はなぜ書かれたか

宮城 顗

法藏館

教行信証はなぜ書かれたか　目次

一、『教行信証』はなぜ書かれたか

質問に答えて

凡例

一、引用文献、および本文の漢字は、常用体のあるものは常用体を使用した。

一、引用文献は、以下のように略記する。

『真宗聖典』（東本願寺出版）……………………「聖典」

『真宗聖教全書』（大八木興文堂）………………「真聖全」

教行信証はなぜ書かれたか

〔本書は、三重教区教化委員会の主催で開かれた三回の育成員研修会の記録です。研修会はそれぞれ二日間行われ、一日目は宮城先生の講話の後に参加者が質問を出し、二日目に宮城先生がお答えになるかたちで質疑応答がされていました。今回、編集にあたって、宮城先生の講話の後に、翌日の質疑応答をそのまま収録しました。

参加者からの質問は、それぞれの思いで出されたもので、一貫性があるものではありません。それにもかかわらず、宮城先生はそのすべてに丁寧に答えられていることに、今さらながら深い感慨を覚えます。そのような研修会の雰囲気を伝えたいという思いもあり、このような編集としたことをご承知ください。〕

（編集者注）

一、『教行信証』はなぜ書かれたか

一、教えに出遇った者の責任

今回、「宗祖親鸞聖人の荷負（にな）われた課題――自らの課題を『教行信証』に聞く――」という大きなテーマを与えられているのですが、いまだにうろうろしておりまして、十分にお応えできないことですが、少し思っておりますことをお聞きいただきたいと思っております。

まず『教行信証』が、なぜ書かれたのかということについてですが、いろいろな考えが出されています。それについて、私なりの考えを、お話ししようと思います。

『教行信証』は、難しい漢文体で書かれていて、書物でいえば難しい書物になっています。その漢文体ということにつきまして、ある先生は、「漢文体というのは男性の表現方法です。当時の女性は、ひらがなを使っていました。ですから漢文で書かれているということは、親鸞聖人の眼中に女性がなかったのだ」と、そういうことをいわれる先生がいらっしゃいます。私は、親鸞聖人が『教行信証』を書かずにいられなかった根底には、嘉禄の法難（一二二七年、親鸞五五歳）があるのではないかと思っています。

それに先立っていわゆる、承元の法難（一二〇七年、親鸞三五歳）というものが、親鸞聖人を越後の田舎の人々に出遇わせた。これがやはり、大きな転機となった。ある意味で、親鸞聖人に仏法、仏道というものを改めて問い直させることになった。それは、いわゆる文字をも知らぬ田舎の人々の視点において、仏道というものを問い直さざるをえなかったということがあったのではないか。越後の時代には、親鸞聖人はほとんど文字で言葉を残しておられません。その意味では、その時代は沈黙の時代であったといわれます。その時には、出遇われた人々の現実というものにおいて、自らが出遇われた本願の法の意味を、問い直し問い直ししておられたのではないかと思います。

親鸞聖人が流罪を赦された時（一二一一年、親鸞三九歳）、法然上人も京都に戻ることが許されて、すぐに京都へ戻られています。そして、京都に戻られてから二か月後の建暦二年（一二一二年、親鸞四〇歳）の一月に、法然上人は京都で亡くなっています。その当時、京都から越後への手紙のやり取りに要する日数というのは、二十日から一か月ほどではなかったかと思います。そのことからいいますと、法然上人が京都に帰られたということは、越後におられた親鸞聖人の耳にも入っていたのではないかと思います。それにもかかわらず、親鸞聖人は、京都に戻ろうとされた形跡がありません。京都に帰られなかったばかりでなく、京都に帰ろうとされたという跡も伝わっていないのです。

何かそこには、結論的なことだけをいいますと、親鸞聖人は越後での田舎の人々との出遇いの中で、吉水の僧伽の在り方というものを根底から問い直しておられたのではないかと思うのです。吉水の僧伽というのは、身分の差別も職業の差別も、あるいは性の差別もなく、いっさいの差別を破って、同一念仏という一点において出遇っておられた集まりです。そういう意味では、理想の僧伽の姿であったと思われるのです。

しかし、その在り方をも根底から問い直すものを、田舎の人々の現実は持っていたのではないか。その田舎の人々の姿、あるいは眼差しに、真向かいになっておられたのだと思います。

越後から関東に行かれるのも、いろいろな説が出されています。田舎の人々と共に移住したといわれる方がいます。私は、関東に新地を拓くという、その人々と共に歩んで行かれたのではないかと思います。そして、関東に移られて、自らの遇いえた法というものを広く人々に伝えるということに力を注がれた。そこに一つの僧伽が生まれたということがあるのです。

ところがその人々を離れて、また親鸞聖人は一人で京都に帰られた。そして京都で『教行信証』を書き上げられたのです。そこには、嘉禄の法難ということが大きな問題としてあったのではないかと思います。嘉禄の法難は、親鸞聖人が五五歳の時、一二二七年に起こっています。嘉禄の法難というのは、法然上人が亡くなって後、『選択集』が開版されて多くの人々の目に触れるようになった。その『選択集』を見た比叡山を中心とする聖道門の人々が、まさに仏法を危うくするものとして、これを徹底的に破棄する。版木までも焼き捨てたということです。そしてさらに、法然という存在をも無き者にしようと、その墓まで暴いたと伝えられています。

なぜそこまで、『選択集』が仏法を危うくするものと考えられたのかというと、根本的なことの一つとしては、やはり「菩提心無用」という法然上人の主張だったと思います。それに対して、仏法を危うくするものとして、聖道の人々は徹底してこれを否定したということです。

親鸞聖人にとってみれば、まさに自らが遇いえたよき人、そしてそのよき人において、初めて明らかにされた教えというものを、聖道の人々から徹底して否定されたのです。それに対して、教えに出遇った者としての、いうならば責任です。教えに遇い、教えを聞いた者として、そういう疑難にどう応えるのか。それに対して、法然上人が明らかにされた道こそ、真の仏道であるということを明らかにしようとされた。そのことを聖道門の人々の土俵の上で明らかにしようとされたのが、この「教・行・信・証」という形をもった、漢文で書かれた『教行信証』ではなかったのかと思っています。それこそ、そのことを宗祖は、自らの果たすべき使命、課題として担っていかれたのではないのかということが思われるのです。

二、なぜ「文類集」なのか

『教行信証』ですが、親鸞聖人は「文類」として、「愚禿釈親鸞集」として集められた「文類」として、顕らかにされているのです。「文類」という形式は、欧米の著作形式としては考えられない形式なのでしょう。欧米においては、いかに自らの説を発揮していくのかという、その人その人の独自の主張なり発言のところで、その著作を評価するのが一般的でしょう。ですから、「文類集」というような、自分に先立って歩まれた人々の書き残してくださっているものを集めるという形で著作するということはまずありません。

「文類」という形式で著作をされたのは、七祖の歴史のうえでいえば、道綽禅師の『安楽集』が最初です。その「文類」としての『安楽集』が、源信僧都の『往生要集』、そして法然上人の『選択集』と受け継がれてきています。その「文類」ということには、自ら集めるという行為において、しかも聞思していくという、そういう精神が一貫しているように思うのです。

その姿勢というものを、道綽禅師は、

> 真言を採り集めて、往益を助修せしむ。何となれば、前に生まれん者は後を導き、後に生まれん者は前を訪え、連続無窮にして、願わくは休止せざらしめんと欲す。無辺の生死海を尽くさんがためのゆえなり、と。已上　（「化身土巻」聖典四〇一頁）

と、『安楽集』の「第一大門」、つまりいちばん最初の章でいわれています。

『安楽集』の「第一大門」は、

> また云わく、教興の所由を明かして時に約し機に被らしめて、浄土に勧帰することあらば、もし機と教と時と乖けば、修し難く入り難し。　（「化身土巻」聖典三五八頁）

という言葉で書き出されていて、その「教興の所由を明か」すという一段の結びに置かれているのが、先の、「連続無窮にして、願わくは休止せざらしめんと欲す。無辺の生死海を尽くさんがためのゆえなり」の言葉です。そこに「文類集」していく精神といいますか、姿勢というものが押さえられているといっていいかと思うのです。

なぜそういうことをするのかということが、その一段の最後の、「無辺の生死海を尽くさんがためのゆえなり」と、こういう言葉で押さえられているのです。いうならば、なぜこういう「文類集」にするのか、「文類集」にする願いというものは、決して自分の考えを明確に打ち出していくということではなくて、そこに「真言を採り集め」とありますが、「真言」つまり仏法というものをもって、「無辺の生死海を尽くさんがため」と押さえられている。「無辺の生死海を尽くす」ということは、言い換えますと、人間のいかなる事実をも排除しないということです。それが生死海の現実であるならば、その現実をどこまでも受けとめていこうと、そういう生死海の事実、人間の事実というものを、いかなる事実をも排除しない、無視しない。そういうものを切り捨てることなしに、それが人間の事実である限り、それに向かい合っていくということを願いとして、こういう「文類集」という、方法というより姿勢といいたいのですが、それが集める姿勢です。

三、本願の世界から遠い存在

親鸞聖人においては、それは親鸞聖人だけではありませんが、常に自らの在り方と申しますか、自らが生きている世界を本願の世界から最も遠い存在として、常に向かい合うということがなされているのです。

『無量寿経』に説かれる第十八願には、

たとい我、仏を得んに、十方衆生、心を至し信楽して我が国に生まれんと欲うて、乃至十念せん。もし生まれずは、正覚を取らじ。唯五逆と正法を誹謗せんをば除く。

（聖典一八頁）

と、「唯五逆と正法を誹謗せんをば除く（唯除五逆　誹謗正法）」という「唯除の文」が説かれています。本願の世界からいえば、最も遠い「五逆　誹謗正法」という存在を「除く」といわれているのです。そしてそれは「本願成就の文」においても、

あらゆる衆生、その名号を聞きて、信心歓喜せんこと、乃至一念せん。心を至し回向したまえり。かの国に生まれんと願ずれば、すなわち往生を得て不退転に住す。唯五逆と誹謗正法とを除く。

（『無量寿経』聖典四四頁）

と、「唯五逆と誹謗正法とを除く」という「唯除の文」はそのまま残されています。ここで、「唯除の文」を抱えたままで、本願が成就しているということは、どういうことなのかという疑問が残ります。除かなければならない、そういう在り方を残して、しかも本願は成就している。これで、本当に本願が成就しているといえるのか、こういう疑問をもたざるをえません。

親鸞聖人は、『尊号真像銘文』の最初に、第十八願を取り上げられていますが、そこで、「唯除の文」について釈されています。

「唯除五逆　誹謗正法」というは、唯除というは、ただのぞくということばなり。五逆のつみびとをきらい、誹謗のおもきとがをしらせんとなり。このふたつのつみのおもきことをしめして、十方一切の衆生みなもれず往生すべし、としらせんとなり。（聖典五一三頁）

と、このように親鸞聖人は受けとめておられます。「唯除」というのは、除こうとする心ではなくて、「のぞくということば」だといわれます。そしてその言葉というのは、「しらせん」とする呼びかけ、「しらせん」とする本願の呼びかけだといわれます。本願というものは、どこまでも呼びかけ続ける。本願というものは、常に自らを破って外に呼びかけ続ける。このように、本願は存在に呼びかけ続けていく、そういう歩みをもっているということを、この「唯除の文」から親鸞聖人は受けとめられている、こういっていいかと思います。

本願の世界から最も遠い存在ということですが、『教行信証』の「信巻」のいちばん最初に、「六師外道」の中の「悉知義の文」がおかれています。これは真跡本の「坂東本」にだけ残されているもので、「専修寺本」にも「西本願寺本」にもありません。その意味で、どうしてこの「悉知義の文」が「信巻」の最初にあるのかという意味がよくわからないのです。「信巻」の講録を見ましても、ほとんど取り上げられていません。また、触れておられる方も、親鸞聖人の心覚え、メモがたまたま紛れ込んだのだろうというような、そういう言い方をされているご講師もいらっしゃいます。もし紛れ込んだにしても、何故このような言葉をメモされたのかということがわかりません。

「悉知義の文」の内容は、父王を殺して王の位についた阿闍世が、そのことで深く悩む。それに対して悩む必要はない、皆がしていることだということを、過去の王の名前、それから現在の王の名前をずらずらっと挙げて説いているというものです。それで、最後には、

如是等王皆害其父悉無一王生愁悩者　（「信巻」聖典二〇九頁）

（かくのごときらの王、みなその父を害せりき。ことごとく一として王の愁悩を生ずる者なし。）

とあります。これは、「信巻」に引かれている『涅槃経』の文の、

また一の臣あり、「悉知義」と名づく。すなわち王の所に至りて、かくのごときの言を作さく。　（聖典二五五頁）

ではじまる一文の中の、

むかし王ありき、名づけて「羅摩」と曰いき。（中略）かくのごときらの王、みなその父を害せりき。ことごとく一として王の愁悩を生ずる者なし。　（聖典二五五頁）

というところの文をまとめたものです。

私は、この文というのは、大きな意味をもっていると思うのです。「愁悩を生ずる者なし」というのは、言葉を換えていえば、ケロッとしていて、悩みをもたない者ということです。自らの思いのままに行動して、そのことに何の迷いも痛みも感じない。そういう存在というもの。実はそういう存在というのが、信心の世界からいちばん遠い存在なのです。

「信巻」というのは、信心を吟味しておられる巻です。信心を問い、吟味していくという時に、実はこういう「愁悩を生ずる者なし」という存在が、いつも見据えられているのです。この「愁悩を生ずる者なし」というのは、言い換えますと「闡提」です、「一闡提」です。

四、「愁悩を生ずる者なし」

親鸞聖人は、「総序」において、

世雄の悲、正しく逆謗闡提を恵まんと欲す。（聖典一四九頁）

といわれていて、五逆と誹謗正法だけではなく、闡提も本願の救いの対象であるといわれています。

『無量寿経』では、五逆と誹謗正法の「逆・謗」の二機です。それに、親鸞聖人は「逆謗闡提」といわれるように「闡提」を一緒にしておられるわけです。

一闡提というのは、梵語の「icchantika（イッチャンティカ）」という言葉を音写したものです。いわゆる語意としては、「欲求するもの」というのが元の意味です。自らの欲求というものに生きる、ただその自らの欲求に生きるということだけであって、その自分を改めて振り返るということはない。そういう存在を、一闡提とされるわけです。

「信巻」に、

誠に知りぬ。悲しきかな、愚禿鸞、愛欲の広海に沈没し、名利の太山に迷惑して、定聚の数に入ることを喜ばず、真証の証に近づくことを快しまざることを、恥ずべし、傷むべし、と。

それ仏、難治の機を説きて、

『涅槃経』（現病品）に言わく、迦葉、世に三人あり、 （聖典二五一頁）

とあります。

ここに、「悲歎述懐」の文を通して、「難治の機」というものが『涅槃経』によってとりあげられています。それがこの「謗大乗・五逆罪」そして「一闡提」ということです。その文がずっと展開されてきます。

信心ということを尋ねる時、明らかにしていく時に、そこに常に信心のありさまといいますか、歩みを問い返す視点として、「愁悩を生ずる者なし」という、こういうありさまが見据えられているのです。

今日、私たちが、信心ということを考える時にも、同じ問題といいますか、私たちはどういう存在を見つめているのかということが、問われてくるかと思います。その意味では、いわゆる無明ということは、何もわからないということではなくて、逆に何でもわかったことにしているのが無明ということなのです。そういう人間の在り方が大きな問いとしてあるということを思います。

チェコスロヴァキア出身の、後にフランスに亡命したミラン・クンデラという作家、これは大江健三郎さんがよく引かれておりますが、そのミラン・クンデラという人が人間の愚かさということを、「人間の愚かさとは、何に対しても答えをもっていることだ」という言い方をしておられます。問い直すということをしない。改めて問い尋ねるという心をもたない。常に自分の知識だけで、もうわかったことにしている。答えをもっていて、答えに立っていますから、そこでは相手や事柄に本当に向き合い、本当に理解しようとはしないで、常に判定ばかりしている。答えに立つとき、人は、これはこうだ、ああだと判定することばかりするのです。

そういうことを指摘しているミラン・クンデラの言葉は、まさに無明ということに重なる言葉だと思うのです。わからないということなら、わからないという事実、あるいはわからないという意識が、尋ねさせる力にもなるのですが、私たちはわかっているところだけですべてを計ってしまう。それを藤元正樹君は、「何でもわかっている暗さ」という言い方をしまして、無明ということを説明しています。何でもわかってしまっているという暗さ。何でもわかってしまっているから、逆に関心がもてない。無関心です。そしてそこには、感動というものをもつこともない。自分の気分の中で退屈しているということがあります。そういう存在、そういう人々とどう関わり、どう向き合えるのかということです。

信心ということを、生きた者、時代社会に生きている者として、人々と共に歩もうと願う時に、やはりいちばん遠い存在と向かい合う。そういう信心の歩みからいちばん遠い存在と切り結ぶといいますか、そういうことが大事なことになってくると思うのです。そういう意味においてここに、「信巻」のいちばん最初に「悉知義の文」がおかれているのではないか。そして、そういうことを通して、「信巻」が展開されてくるのではないかと思います。

五、無辺の生死海を尽くす

さらに、「信巻」と向き合っているのが「化身土巻」です。「化身土巻」は、「真仏土巻」から展開するということもありますが、内容的には「信巻」と「化身土巻」の二つだけに問答がおかれているということがあります。「信巻」も、問答ということが大きな軸になっていますが、「化身土巻」にも問答が重ねられています。

それはやはり、化身土というのが、どこまでも生活の現実、人間の日常性の中に歩み出るという意味をもつということだと思います。それが「化身土巻」の外道批判ということで、外道の問題がずっと取り上げられてくる意味でしょう。

外道といいましても、それはどこかに伝えられている仏教以外の教えということではなくて、日常の生活感覚といいますか、世間心の中に生きている宗教心の具体的なありさまの問題として押さえられているということが思われるのです。そこでは常に、最も遠い存在と向かい合うということがなされている。ですから「無辺の生死海を尽くさんがため」ということですが、この「無辺の生死海を尽くす」というのは、本願のうえでいえば、尽十方という願いで、「十方を尽くす」ということでしょう。

ただ、この「十方を尽くす」ということは、十方のあらゆるところを走り回って顔を出すという、そういうことを尽十方といわれるのではないでしょう。もし、そういうことだとすると、たいへん忙しいことになりますし、忙しくしてもおそらくは尽くせないことでしょう。ですから、尽十方ということは、本願からいちばん遠い存在として自分を見いだしたものが、しかもその自分のままに本願の呼びかけに遇った。その驚きのところに、尽十方ということがあるのでしょう。いちばん遠くに自分を見いだしたものというのは、親鸞聖人の言葉でいえば悲歎するほかなきものです。しかも、その悲歎すべき自らのうえに、本願のはたらきを感じとる。その事実によって、尽十方ということが成り立つといいますか、開かれてくる。このように、「無辺の生死海を尽くす」ということは、最も遠い存在と向かい合うということによって、成就することができるものなのです。

そしてもう一つは、自らにおいてどこまでも人間としての事実を尽くすということです。親鸞聖人は「利他通入の一心」(「化身土巻」聖典三三一頁)という言葉を使われますが、あらゆる存在に通入するということです。「通底」という言葉もあります。清沢満之先生は「根帯」といわれますが、根源的連帯という意味なのでしょう。その一点で、全ての存在が出遇う。そこまで自らの事実を、人間の事実として尽くしていく。そういうことが求められるといいましょうか、そのことが『教行信証』においてもやはり一貫しています。

このように、「無辺の生死海を尽くす」ということと、「利他通入の一心」という二つのことが、姿勢として、法を明らかにしていくうえでの根本的な姿勢として貫かれている。そういうことを感じます。

「無辺の生死海を尽くす」ということの課題は、仏法に遇っていると名のっている私たちが、ともすれば陥る閉鎖性、閉じられた在り方、その主観性・観念性。そういうものを、どこでどのようにして破っていけるのか。今日私たちの在り方というものは、そういう特別な世界に生きる人々というような目で見られています。もっと広くいえば、宗教というものに対する人々の大きな疑いの目ということがあるのです。

六、人々の感覚と向かい合う

私は、九州大谷短大に勤めていますが、大学には寮が三つありまして、女子学生ばかり百人余りが生活しています。その寮では、毎朝七時から朝の勤行をします。みな結構まじめにお勤めをしてくれています。もう二年くらい前になると思うのですが、新入学生が入ってきまして、寮に入ると入寮式というものをするのですが、毎年沖縄からも学生がきています。それで、入寮式の最初に先輩の二回生がきちんと勤行をして、それから式が始まります。それで、その沖縄からの学生に付き添ってこられたご両親もその式に列席しておられたのですが、「正信偈」のお勤めが始まってしばらくして、職員が見たらご両親が涙を流しておられた。それで、職員の方は、若い女子学生がきちっと大きな声をあげてお勤めしているのを見て、そのことに感動してご両親は涙しているのだと思ったのです。

ところが、その式が終わりましたら、ご両親がやってこられて、「娘を連れて帰らせてほしい」と、こういう申し出をされたのです。「私たちはとんでもないところへ娘を入れてしまいました。この学校に置いておいたら、娘はどうされるかわからん。だから連れて帰らせてほしい」と、こういう申し出なのです。職員の方はびっくりしたのです。感動してもらっていたと思っていたら、とんでもない。悔し涙やら悲しさで、涙しておられたということなのです。幸いそのとき二回生に、沖縄からきている学生がいまして、一生懸命、寮での生活はこうこうなのだということを、決して心配されるような、何か洗脳するような場ではないのだと説明してくれまして、それで最後には、「そういうことならお任せいたします」ということで帰っていかれた。そういうことがありました。

これは、たいへんショックなことでした。勤行の姿そのものが、すぐに洗脳というようなほうに連想されていく。何か恐ろしいものと感じ取られるという現実が、今日あるという不気味さを感じさせられました。

また、大学の講堂には簡単な荘厳がしてあるのですが、これを見て、「荘厳が不気味だ」ということをいった男子学生がいました。不気味に感じられるとしたら、これは荘厳としては全く意味をなしていないということになります。そういう現実の人々の感覚とどこまで向かい合えるのか。そんなものはごく一部のことだと切り捨てるわけにはいかないでしょう。一部の人であれ、それこそ我々の世界の感覚から最も遠くにおられる、我々の世界のありさまを根本から問い直してくる、そういう人々の心、眼差しというものを、どこまで受けとめながら歩めるか。それが、今日、この世を生きている人々のありさまだとすれば、そのありさまをどこまで尽くしていけるのか。道綽禅師は、「無辺の生死海を尽くす」という言葉で時代社会と機の現実というものを、徹底して見つめていかれたのです。

私たちにおいては、それこそ、どういう課題として受けとめていけるのか、そういうことが私自身の問いとしていつもあるのです。そしてそういう問いだけが、常に自分の在り方を破っていくのであり、答えをどれだけ集めても決して広がってはいかないのです。何かそういうことを強く感じています。

七、「浮雲の思ひをなせり」

このごろしきりに、『方丈記』の言葉が思い出されます。平清盛によって、治承四（一一八〇）年に福原遷都がなされました。これは法然上人が四七歳の年でした。福原遷都で、六月に都が京都から福原の地に移ったわけですが、それによって上を下への大騒ぎになります。ところが、早くも十一月にはまた京都に都が戻ってきます。そのことで、当時の人々は大きく混乱するのですが、鴨長明は『方丈記』において、その混乱の模様を書き記しています。そこにこういう言葉を載せています。

古京はすでに荒れて、新都はいまだならず。
ありとしある人は、みな浮雲の思ひをなせり。

古京、つまり平安の都はすでにすっかり荒れはててしまい、新都、すなわち福原の都はいまだ完成していない。人々はみな、あたかも風のまにまに流され続けていく浮雲のような不安な思いをしている。この言葉、とくに「浮雲の思ひ」という言葉が、折にふれてふと心に浮かぶことがあるのです。

私たちの問題に移していいますと、現在私たちは、古京すなわち今まで私たちが生きてゆく依り処としてあたえられていたものがすべて崩れさり、しかも、それに代わるあたらしい依り処が見つからずにいるという、まさに「ありとしある人は、みな浮雲の思ひをなせり」という状況に思い悩んでいるということを思うのです。

仏教では、末法ということをいいますが、その末法ということも同じ在りようです。それは、かつてましました釈迦仏すでになく、きたるべき弥勒仏は未だ現れずという時代の在りようです。そういう今までの依り処と新しい依り処の両方をいずれも失ってしまっているのです。今までそれを頼りに生きてきたといえるようなものが全部危うくなっていって、いったいこれからどういう社会になるのか。何を依り処に何を頼みとして生きていけばいいのか。それこそ、自分も含めて現在のお年寄りの方々にとって、非常に切実です。日常の生活のうえでも、あらゆる保険にしても、福祉的なことにしても、全部当てにならなくなってきている。そういう中で、どう生きればいいのか、何を依り処にして生きればいいのかというそのような問いの中に投げ出されているということがあるかと思います。

このような時、いったい、私たちに何ができるのかということがあります。まず大事なことは、やはりその根拠を求め、尋ねるという心をいかに保っていくか。今は、もうそんな面倒なことは放り出して、刹那的になっていくか、あるいは無関心になっていく、あるいはただもう強い力に巻き込まれていく、何かそういうように右往左往しているということがあるのでしょう。いずれにしても、この人間としての問いを、ともすれば見失ってきている。つまり問う心を失ってきてしまっているということが思われるのです。

八、帰依三宝としての仏道

親鸞聖人は、「化身土巻」の末巻に、「三帰依」の文を多く引用されています。

「化身土巻」の末巻は、

　それ、もろもろの修多羅に拠って真偽を勘決して、外教邪偽の異執を教誡せば、（聖典三六八頁）

という言葉で始まっています。つまり、外道批判を展開される巻なのです。そして、最初に引かれているのは、『涅槃経』と『般舟三昧経』の文です。

『涅槃経』（如来性品）に言わく、仏に帰依せば、終にまたその余の諸天神に帰依せざれ、と。略出

『般舟三昧経』に言わく、優婆夷、この三昧を聞きて学ばんと欲わば、乃至 自ら仏に帰命し、法に帰命し、比丘僧に帰命せよ。余道に事うることを得ざれ、天を拝することを得ざれ、鬼神を祠ることを得ざれ、吉良日を視ることを得ざれ、と。已上（聖典三六八頁）

と、「帰依三宝」の言葉が挙げられているのです。

そしてそこから『大乗大方等日蔵経』、『月蔵経』等々によって、「魔王」、「魔」という問題、「鬼神」という問題、そういうものがずっと展開されて、その外道のありさまが照らし出されていきます。

そして「化身土巻」の末巻の最後に、天台大師智顗の『法界次第』の文によって、やはり「帰依三宝」の言葉が挙げられています。

天台（智顗）の『法界次第』に云わく、一つには仏に帰依す。『経』（涅槃経）に云わく、「仏に帰依せん者、終に更ってその余のもろもろの外天神に帰依せざれ」となり。また云わく、「仏に帰依せん者、終に悪趣に堕せず」と云えり。二つには法に帰依す。謂わく、「大聖の所説、もしは教もしは理、帰依し修習せよ」となり。三つには僧に帰依す。謂

わく、「心、家を出でたる三乗正行の伴に帰するがゆえに。」『経』（涅槃経）に云わく、「永く、また更って、その余のもろもろの外道に帰依せざるなり」と。已上　（聖典三九七頁）

と、外道批判を展開されてきた「化身土巻」の末巻が、帰依三宝を説かれる引文で挟まれているのです。言い換えれば、外道批判が、帰依三宝の言葉で始められ、帰依三宝の言葉で閉じられているということです。

そして、「化身土巻」末巻のいちばん最後の引文は『論語』です。いちばん最後に、そういう「外典の文」といわれますが、仏教以外の書物の言葉がわざわざ取りあげられているのです。引文されている『論語』のもとの言葉は、孔子に対して、季路という弟子が「鬼神にはどのように事えればいいのでしょうか」と問うた。それに対して孔子が、「未だ人に事うることとあたわず、いずくんぞ能く鬼神に事えんや」と答えたという文です。

ただ親鸞聖人は、

『論語』に云わく、季路問わく、「鬼神に事えんか」と。子の曰わく、「事うることあたわず。人いずくんぞ能く鬼神に事えんや」と。已上抄出　（「化身土巻」聖典三九八頁）

と、本来の読み方とは違った読み方をして引文しておられます。

『論語』では、「未だ人に事うることとあたわず、いずくんぞ能く鬼神に事えんや」と、こういう言葉になっているのですが、それを親鸞聖人は、「事うることあたわず、人いずくんぞ能く鬼神に事えんや」と、こういう読みになっているのです。そこでは、「人間がどうして鬼神になど事えることができようか」という、そういう強い意味をもってくるのです。もとの『論語』の読みですと、「まだ人に事えることさえできていないものが、どうして鬼神に事えることができるだろうか」という意味になります。そうなると鬼神のほうが人間よりも格が上になってきます。人に事えることもできていない私が、どうして鬼神に事えることができるだろうという、そういう文になるのです。ところが、親鸞聖人はそれを、「事うることあたわず」と切って、「鬼神になんかに私は事えることができない」と、「人間がどうして鬼神になど事えることができようか」と、こういう文として意味を変えておられるのです。

このように、「化身土巻」の末巻は、文の流れとしては、天台大師智顗（ちぎ）の言葉で、本文は閉じられているといっていいのですが、その始めと終わりに帰依三宝の文が置かれている。

これはつまり、我々にとって仏道に立つということは、帰依三宝という自覚的な歩みをすることにあるということを意味するのだと思います。これは、「翻邪（ほんじゃ）の三帰」という言葉で呼ばれます。つまり回心において表明される帰依の言葉です。そして、私たちはいつも帰依三宝の文を拝読するのですが、あれはいまいうところの「翻邪」という意味ではないのです。これは、仏道に幸いにして立つことのできた者として、生活の中で繰り返し繰り返し三宝に立つということを表明していく、その意味で「重受（じゅうじゅ）」、重ねて受けるという「重受の三帰」と呼ばれます。「翻邪の三帰」と「重受の三帰」という、そういう言葉が使われています。

九、動詞としての僧伽

安田理深先生は、『教行信証』全体をこの「三宝」を中心にしてご覧になりました。『教行信証』の全体をどのように見るかということが課題としてあり、いろいろな説が伝えられています。曽我量深先生は、「教巻」と「行巻」の二巻を伝統の巻とされ、そして「信巻」以後を己証（こしょう）の巻とされました。いわゆる「伝統」と「己証」として受けとめられました。それに対して安田先生は、「教巻」は仏宝の巻、それから「行巻」は法宝の巻、そして「信巻」から「化身土巻」の最後までを、僧宝の巻として『教行信証』を押さえてくださっています。これは非常にユニークな押さえ方だと思うのですが、この仏法の中に帰依三宝ということがあるのではなくて、帰依三宝ということ、そこにこそ仏道というものが押さえられてくるということでしょう。そういうところに、こういう読み方がされてきている意味もあろうかと思います。

その僧宝という問題ですが、もちろん三宝の体といいますか、三宝の要は法宝で、法にあることは確かです。そしてその法に目覚め、その法を広く説かれたのが仏です。仏の覚られた内容が法。ですから、この法宝と仏宝の二つは、ある意味で円環しているもので、二つで一つに完結するのです。法は仏によって明らかにされ、その仏の内容は法によって尽くされる。そのように、仏と法ということで一つの世界が完結するといっていいのでしょう。

それに対して、僧宝というのは、ある意味でその完結しているものを破って出るという意味をもっています。特に安田先生が、「信巻」から「化身土巻」に至るまでを僧宝と押さえてくださっている。ですから、僧宝とは、何も仏法を信じたものの集いではないのです。僧宝はつまり僧伽(さんが)です。その僧伽というのは、決して仏法に目覚め、仏法を求めて生きているもの。そういうものの集いだけを、僧伽というのではないのでしょう。そこには、そういう完結した世界を否定してくるような、突き破ってくるような、そういう存在を包み込んでいく、あるいは応えていく、そういう展開を歩みとしてもつのが僧宝であり僧伽なのです。

僧伽という言葉を聞きますと、やっぱり私たちはどうしても名詞でとらえて、一つの集まりを思ってしまうのです。僧伽があるとかないとか、何かそういうように、対象的にとらえようとすることがあるのです。しかしこれは、もっと厳密に押さえなければなりません。

だいたい、仏教の根本のことは、全部動詞であらわされているということがあります。たとえば、「空」というのは仏教の根本の思想ですが、これは全て「空ずる」という動詞なのです。これは山口益先生が、非常に力を込めて教えてくださっています。空という教理があり、その空の教理を学ぶと、普通はそういうように思ってしまうのです。ところが、そうではないのです。空というのは、空ずるということであって、私たちがとらえているものを手放させていくはたらきなのです。つまり、つかんだものを常に手放させていく、その歩みが空なのです。ですから空だといって空に立ち止まる。つまり空に執するならば、それは世界の中心にある須弥山ほどの量（須弥山量）の煩悩に生きるより、もっと人間というものを失わせるといわれるのです。ですから、空に執するということは、煩悩に迷わされることよりも、もっと深い迷いをもたらす。

山口益先生に、『動仏と静仏』という有名な書物がありますが、その中で、「空がわかった、空が得られたとして、空を見、空をとらえているくらいなら、むしろこの須弥山量の大きさの我を見る方が勝れている」と説かれてあるという、その経文があげられています。残念ながらその経の名前が書かれてありません。私にはそれがどの経にあるのか、おそらく漢訳の経典ではないのではないかという気がしていますが、そこもわかりません。ただそういう経文をあげて、「空」というのは実は「空ずる」と、「どこまでも空じていく」ということなのだということをおっしゃっています。

それからまた、私たちは「清浄土」というと、たとえばどこかにそういう清浄な世界があると、やっぱり対象的にイメージしてしまいます。ところが、この清浄土という言葉もやはり動詞であって、清浄にする国土ということです。

つまり浄土というのは、その浄土に触れるものをすべて清浄にするはたらきをもつ世界なのです。ですから、どこかにそういう清浄な世界としてできあがっているのではないのです。一切の存在を清浄にしていく国土というのが清浄土という意味で、やはり動詞なのです。現代の私たちは、いわゆる理知というものでとらえます。全部対象的にとらえます。対象的にとらえる時には、やはり名詞としてとらえるということになってしまいます。

ですから、たとえば「死」というようなことも名詞でとらえます。しかし死を名詞でとらえる時には、どの時点で死と認めるのかと、そういう判定をくだすということになってしまいます。何時何分に死と宣告するということになります。そうではなくて、死んでいくということもいのちの営みなのだというのが、私たちの先祖がもっていた生死観です。生死するいのちであって、いのちが絶たれたことを死というのではないのです。死もまたいのちの営みであり、したがって親しいものが死んでいくとき、その事実に、生きているものは常に寄り添う。死んでいくものに寄り添うという心が絶えずあった。しかし、今は「何時何分、ご臨終です」ということになって、バタバタバタバタと後の処置に走ることになるのです。何かそういうように、死ということも名詞化されてしまっています。そのように、全てが対象的にとらえられているという問題が、いろいろな面であるのです。

安田理深先生は、浄土というものを、「浄土する」という言い方であらわされています。浄土という世界がどこかにあるということではない、浄土していくはたらきがあるのだと、「浄土する」という言い方をされています。そういう安田先生の教えに添っていいますと、僧伽というものも、できあがった僧伽をさして僧伽と押さえるのではなくて、僧伽していくという歩み、そういう歩みにおいてとらえられるのでしょう。

ですからそれは、どこまでも無限の生死界の中に歩み続けていく。決して俺たちは僧伽をもっているとか、そういうことではないのでしょう。その僧伽していく歩みは仏法を問い返す。人間の事実に対して仏法がはたらきかけ続けていく、そこに開かれてくるものが僧伽なのでしょう。そういうことを思います。

十、「別体三宝」と「同体三宝」

また、三宝については、「別体三宝」と「同体三宝」ということが説かれています。これは「化身土巻」に引かれる『涅槃経』に説かれていることです。この『涅槃経』の文では、「信不具足」ということが取りあげられています。そこには、

> また言わく、善男子、信に二種あり。一つには信、二つには求なり。かくのごときの人、また信ありといえども、推求にあたわざる、このゆえに名づけて「信不具足」とす。信にまた二種あり、一つには聞より生ず、二つには思より生ず。この人の信心、聞よりして生じて、思より生ぜず、このゆえに名づけて「信不具足」とす。（聖典三五二頁）

とあります。

この「信」「聞」「思」ということに、いちばん注意されたのは蓮如上人です。蓮如上人は、聞法して聞くといっても、私たちの聞き方というのは常に「得手に聞く」、いいように聞くということがあるといわれます。『蓮如上人御一代記聞書』に、

> 一句一言を聴聞するとも、ただ、得手に法をきくなり。（聖典八七九頁）

といわれています。自分のもっている、手持ちの物差しに合わせて聞く。物差しに合うときはわかる、物差しに合わないと全くわからないというように投げ出す。そのように、得手に聞くということがあるといわれています。

それから「意巧にきく」。ひたすら聞いているようであっても、しっかりと自分の物差しがそこに入っているともいわれています。「意巧にきく」などという言葉は、すごい言葉だと思います。これは『蓮如上人御一代記聞書』の一二〇条にある言葉です。そこに、

> 前々住上人、御法談已後、仰せられ候う。四五人の御兄弟へ仰せられ候う。「四五人の衆、寄り合い談合せよ。必ず、五人は五人ながら、意巧にきく物なり。能く能く談合すべき」の由、仰せられ候う。（聖典八七七頁）

とあります。お互いに聞き取ったところを話し合って、自らの聞き誤りを正せということでしょう。

何かそこに、私たちが聞くといっている、その聞くということがいかに偏りをもち、自分の思いにおいて聞いているかということが知らされるのです。

また、一〇七条には、

> 前々住上人、法敬に対して仰せられ候う。「まきたてという物、知りたるか」と。法敬、

御返事に、「まきたてとあって、一度まきて、手をささぬ物に候う」と、申され候う。仰せに云わく、「それぞ、まきたてが、わろきなり。人になおされまじきと思う心なり。心中をば申し出だして、人になおされ候わでは、心得のなおること、あるべからず。まきたては、信をとることあるべからず」と、仰せられ候うと云々　（聖典八七四～八七五頁）

とあります。

そこに今いいました、「聞よりして生じて、思より生ぜず」という、そういう言葉が受けとめられているように思います。

その「信不具足」ということですが、『涅槃経』には、

また二種あり。一つには道あることを信ず、二つには得者を信ず。この人の信心、ただ道あることを信じて、すべて得道の人あることを信ぜず、これを名づけて「信不具足」とす。

（「化身土巻」聖典三五二頁）

と、これが第三にあげられ、そして四番目に、

また二種あり。一つには信正、二つには信邪なり。因果あり、仏・法・僧ありと言わん、これを信正と名づく。因果なく、三宝の性、異なりと言いて、もろもろの邪語富蘭那等を信ずる、これを信邪と名づく。この人、仏・法・僧宝を信ずといえども、三宝の同一性

相を信ぜず。因果を信ずといえども得者を信ぜず。このゆえに名づけて「信不具足」とす。この人、不具足の信を成就す、と。

（「化身土巻」聖典三五二頁）

こういう言葉がそこにあげてあります。

ここにいわれる、「三宝の同一性相を信」ずるというのが、「同体の三宝」という言葉で教えられているところです。仏・法・僧といっていますが、別々に三つのものがあるのではない。それは一つなるものの歩み、はたらきなのだということです。しかもその時には、「同一性相」ということをいう時には、実は自分自身をその歴史の中に見いだすということが押さえられてあるのです。自分の存在と別に三宝をたてるなら、必ず「別体の三宝」になる。仏・法・僧というものを前においてみると、「同一性相」を信ずるということは、この私もまた三宝の内なるものと見いだすということがあるのです。

そこに「帰依三宝」といいましても、そういう「別体三宝」である時には、外道と区別はないのです。私というものがあって、その私が仏に帰依するのだということになりますと、私が神に帰依するというのと、ただ対象が違うというだけのことになってしまう。仏道とは仏に帰依する、それに対して外道は鬼神に帰依するというように、帰依の対象が違うというだけのことになってしまう。そこにやはり、「帰依三宝」ということが改めて問われるということがあるのです。

「帰依三宝」ということに触れさせていただいたのですが、その三宝について、「別体三宝」、「同体三宝」という問題があります。そういうことを、もっと吟味すべきです。そういうことについては、道元禅師の『正法眼蔵』の中に「四種の三宝」の名をあげていろいろ論をたててあります。

十一、受け難き身を受けたという感動

『真宗聖典』の巻頭に、三帰依の文が載せられています。この三帰依の文の出典といいますか、典拠がどこにあるのかということがよく問われます。しかしはっきりしません。

三帰依の言葉は、『華厳経』「浄行品」の文が一番近いといわれていて、その依り処であるともいわれています。そしてその前の「人身受け難し、いますでに受く」という言葉については、『平等覚経』の文で、「化身土巻」に引かれている、

人の命（いのち）希（まれ）に得べし。仏は世にましませどもはなはだ値（もうあ）いがたし。（聖典三四八頁）

とある言葉が注意されたりしています。しかし全体としては、あえていえば、三宝に帰依した

人々のその歩みの歴史の中から、こういう三帰依の文ができてきたということになるのでしょう。そういうほかにはないのではないかと思います。要するに、三宝に帰依した人々の歴史というものが、私たちに呼びかけている言葉というべきではないかと思います。

そして「帰依三宝」の言葉において、まず問われていることは、我々がこういうことを口にしますとき、その初めの、

人身受け難し、いますでに受く。仏法聞き難し、いますでに聞く。（聖典巻頭）

ということが、本当に自分自身にいいうるのかという問題があるのです。「人身受け難し、いますでに受く」というのは、今生きてあることに深い驚きと、そして恩を感じるということです。自分が人間として今ここに生かされているということに、深い感動と喜びを感じる。一言でいえば知恩です。恩を知るということが、私たちの上に本当に開かれてきているのかということが、問われてくるのです。

またこの文からいえば、今私たちが世の人々にまず伝えるべきことは、そういう受け難き身を受けているのだという、その感動といいますか、自覚をどこまで伝えられるのかということではないかと思います。宇野正一先生が、

不　運

生きるのぞみがありません
私たちは　死にます
ごめんなさい　お母さん　と
ふたりの少女が鉄道自殺をした
（はつ秋の日に）

それは　彼女たちが　十七歳の
今日までに
人身うけがたし　と
一言の　ただひとことの
であいがなかった
不運であった

（『樹にきく　花にきく』柏樹社刊）

という詩を書かれています。

そこでは、宇野先生ご自身が、そのことを伝えることができていないことへの深い悲しみと、すでに死んでしまった少女たちへのせつない思いがこめられているのを感じます。

何かそういう「帰依三宝」、仏・法・僧に帰依するということですが、この文を受け取る時には、「帰依三宝」ということにおいて、何がもたらされてくるかというと、まず「人身受け難し、いますでに受く」、そういう感動を呼びさまされるということ。そして「仏法聞き難し、いますでに聞く。この身今生において度せずんば、さらにいずれの生においてかこの身を度せん」という、そういう促しを聞き取るということ。その事実として「帰依三宝」ということがはたらくといいますか、私を促してくることがあるのだといえると思います。

そういうことがいえないということなら、その時にはやはり、私たちが仏教といっているものが、それこそたんなる教理になってしまう。つまりこの三宝の中の僧宝がなくなるということが、実は仏法が衰滅したということになるのです。仏法が衰滅するということは、決して仏法が消えてなくなることではない。しかし、そこに誰も人を生みだしていない。人間がこの現実を生きていくうえで、何の依り処としてもはたらいていない。

『正像末和讃』の第二首目に仏法というものが、「龍宮」に入るとうたわれています。

末法五濁(まっぽうごじょく)の有情(うじょう)の

行証かなわぬときなれば
釈迦の遺法ことごとく
龍宮にいりたまいにき
（聖典五〇〇頁）

という言葉がありますが、その「龍宮」というのを、安田理深先生が「龍宮とは現代の図書館でしょう」とおっしゃいました。経典が全部図書館に入ってしまう。図書館に入った経典は、生活と関係のないもの、ただ資料として、仏教を研究するための資料として収蔵されている。そのような状況の中で、「人身受け難し、いますでに受く」という一句を、それこそ生きた言葉として人々に伝えられるかということが、今問われているのではないでしょうか。

今日、世間の人々がもてずにいるものは、正にそういう受け難きいのちを今賜っているという感動とか、自分が生きてあることに感動をもったり、喜びをもったり、そういうことができずにいる。本当に、ある意味では、退屈の中に投げ出されている。あるいは、しらけた気分で全てをただ冷笑的にしか見られなくなっている。そういう悲しみを抱えているということがあるのです。ですから、僧侶として、仏法者として、現代社会に向かって何がいえるのかという。そこには、いろいろなことがあるのでしょうが、根本は、「帰依三宝」の一句がいえるかいえないかということが、問われているのだと思います。

十二、三宝の中にあって三宝を見ず

しかも、私たちは「帰依三宝」といっているのですが、三宝の中にあって三宝を見ずという現実があります。これは『無量寿経』では、「疑城胎宮」という言葉で説かれていることです。『無量寿経』の説法が一応終わった後に、あらためて仏が、

その時に仏、阿難および慈氏菩薩に告げたまわく、（聖典八〇頁）

と説きはじめられます。『無量寿経』の対告衆は、阿難ですが、

仏、弥勒菩薩・もろもろの天人等に告げたまわく、（聖典五七頁）

と、途中から弥勒菩薩が呼び出されています。それで、『無量寿経』の大きな特徴として、対告衆が二人いるということがいわれます。

ふつう経典の対告衆は、一つの会座に一人です。それが『無量寿経』には二人出てきます。阿難は、仏在世の時に僧伽を代表する名です。ですから、阿難の名のもとには、大比丘衆、菩薩衆があるのです。それに対して、弥勒は、仏滅後の僧伽を担う名です。この弥勒菩薩の背後には、大比丘衆とか、そういう人がいらっしゃるのではなく、天・人というような六道の存在

がいる。つまり苦悩の中にあるものです。それで、

仏、弥勒菩薩・もろもろの天人等に告げたまわく、

(聖典五七頁)

といわれるのです。

弥勒という方は、当来仏とも未来仏ともいわれます。今現在は、なお穢土に、苦悩の世に身を据えておられる。その阿難と弥勒の二人が同時に呼び出されまして、仏が一つひとつ問いかけ、念を押して問題を押さえていかれます。経文としては変わった、常でない表現になっています。

そして、

「汝、かの国を見るに、地より已上、浄居天に至るまで、その中の所有、微妙厳浄なる自然の物、ことごとく見るとやせん、いなや」と。

(『無量寿経』聖典八〇頁)

と、こういう形で問答されていきます。そして、

阿難、対えて曰さく、「唯然なり。すでに見たまえつ」と。

(聖典八〇頁)

と、そのように言葉が重ねられています。そして次に、

「かの国の人民、胎生の者あり。汝また見るや、いなや」と。対えて曰さく、「すでに見たまえつ」と。「その胎生の者の処するところの宮殿、あるいは百由旬、あるいは五百

由旬なり。おのおのその中にしてもろもろの快楽を受くること、忉利天上のごとし。またみな自然なり」と。（聖典八一頁）

といわれるように、そこから胎宮が開かれてきます。

疑城胎宮という世界を押さえる言葉として、私はいつもこの「もろもろの快楽を受くる（受諸快楽）」という言葉を思い浮かべます。ですから、胎宮とは、もろもろの快楽を受ける世界ということ、つまり自分の思いの満足の中にあるということです。

そしてさらに、

仏智・不思議智・不可称智・大乗広智・無等無倫最上勝智を了らずして、この諸智において疑惑して信ぜず。（聖典八一頁）

といわれます。これは「不了仏智」ということです。

そしてさらに、

常に仏を見たてまつらず。経法を聞かず。菩薩・声聞聖衆を見ず。（聖典八一頁）

とあって、「不見三宝」ということが、胎宮の特徴であるとされているのです。

このように、「受諸快楽」「不了仏智」「不見三宝」という三つのことが、胎宮のありようとして説かれているといっていいかと思います。

「不了仏智」ということは、我が知に立つということです。自分の理知を頼みとしている。「不見三宝」という言葉は、『無量寿経』では、

但し五百歳の中(うち)において三宝(さんぼう)を見たてまつらず。(但於五百歳中、不見三宝)(聖典八三頁)

とあります。つまり三宝の中において三宝を見ずというのが疑城胎宮ということであって、すでに仏法に遇っているのです。ところが、仏法に生きているにもかかわらず、三宝を見たてまつらずという問題が、胎宮の問題としてあげられているのです。胎宮というのは、どこまでも閉じられた在り方です。自らの信に満足しているというか、あるいは自負しているといってもいいのでしょう。

三宝に出遇いながら三宝を見ずということを、私たちの現実の中で考えてみると、仏はよき人でありよき師です。その師に遇い、その師を通して教えを聞き、そしてそこに共に教えを聞く友に恵まれている。そのように、師と教えと友に恵まれながら、さらに聞法学習を重ねながら、不見三宝ということがあるのです。つまり、その存在、在り方が仏法を世に開いていくことにならずに、逆に仏法を見えないものにしていく。出遇えないものにしていくということがあるのでしょう。そういう問題が、そこには押さえられているといっていいかと思います。

三宝に遇いながら三宝を見ないということがどうして起こるのか。それは、私たちが三宝を

自分の背後に背負って人々に向かう、三宝をもって現実を解釈するということをするからです。

清沢満之先生のもとで、明治三三（一九〇〇）年に、暁烏敏（あけがらすはや）、多田鼎（かなえ）、佐々木月樵（げっしょう）の三羽烏といわれる人々を中心として、浩々洞が開かれました。ところが、その人々の努力が実ることはなく、やがて浩々洞は衰退し、やがてその歴史を閉じるのです。

暁烏先生は、清沢満之という名、その人の徳、その教えを世に広めなければならないと考え、それが我々の使命だと自負していたといっておられました。しかし、そのような使命感をかかげることによって、いつの間にか清沢先生の教えを自分の背後に、あえていえば、権威として背負うようになっていってしまったのです。そして清沢満之先生に出遇っていない人々に、その教えを伝えなければならないと努力を傾けていかれる中で、いつの間にか現実との交わりというものを失っていったのです。そこには、我らはすでに法を得ている、僧伽をもっているという自負心があり、それによって浩々洞全体が恩寵主義に陥ってしまうという問題が起こった。そして、その恩寵主義の果てに、浩々洞はその歴史を閉じることになったのです。

また、現実の課題に応えるという形で、仏法を背にして現実を解釈していくということをするのですが、それがいつの間にか、観念的な世界からの解釈になってしまって、現実から離れ、さらに独りよがりなものになっていってしまったのです。

十三、共に歩める世界を開く

以前、西谷啓治先生に、「仏教についておもうこと」（一九七一年度、大地の会聞法会）というテーマでお話をお願いしたことがあります。その時ご指摘を受けたのは、「良心がない」ということでした。

「皆さんは仏教について学び、その知識を積み重ねておられるが、我が身というものをそこにすえて全体として見る時に、現にこの社会に生きている一人の人間として、自分を仏法に生きている者、学んでいる者として振り返る時、不確かなものを自分に感じられるはずだ。その不確かなものを、どこまでも問い続けるということ。そのことがいちばん大事なことではないのか。それを失う時、必ず観念化に陥り、ひとつの自分たちの立場の絶対化とか、そういうことが始まってくる。それを良心という言葉で表現するのは、誰が気づかなくても、自分自身がいちばんよく知っている、ということを常に問い続ける。そのことが、私の目から見ると現代の教団に属しておられる人々の歩みに感じられない」

と、そういう問題を指摘されたことがあります。

三宝によって自分自身が照らし出されるということが、欠落してきている。その限り、その歩みは決して広がりをもたない。何かそういうことが、疑城胎宮という問題が私たちの今日の課題であり、現実から突きつけられている問題ではないかと思います。

そのことが問われることによって、親鸞聖人にあっては、「信巻」に「別序」が置かれたのです。「別序」のはじめに、親鸞聖人は、目覚めえた真実の法、その歴史に対する深い喜び、感動があげられています。そこから、それに照らされて明らかになってくる我々のありさま、それが「しかるに」という言葉で受けとめられて、

> しかるに末代の道俗・近世の宗師、自性唯心に沈みて浄土の真証を貶す、定散の自心に迷いて金剛の真信に昏し。
> （聖典二一〇頁）

と、「沈迷の機」という問題が押さえられています。

その沈迷ということを、いかにして超えていくかという問題です。沈むということは、我々の体験に対する固執に沈むのです。自性唯心ということは、一つの目覚めをあらわす言葉ですが、目覚めの体験にとらわれるのです。この「定散の自心に迷い」というそのことが、信心というものを固定されたもの、観念的なもの、あるいはある一部のものの歩みということにしてしまっている。

それを超えて、私たちの上に、

> おおよそ大信海を案ずれば、貴賤・緇素を簡ばず、男女・老少を謂わず、造罪の多少を問わず、修行の久近を論ぜず、
> （「信巻」聖典二三六頁）

といわれるような、共に歩める、出遇えるという世界を私たちに開く。それが、「大信海」という言葉で示されている世界なのです。

この大信海の背後には、「自性唯心に沈み」、「定散の自心に迷い」という、私たちが常に陥る在り方、免れ難い問題を見つめ続けられたということがあるのです。そして、そのような姿勢の果てに、大信海というものを親鸞聖人がその身に開いていかれた。そういう問題が改めて問われてくるように思うのです。

質問に答えて

《質問　一》

ご門徒に法話をするとき、あまり専門用語は使わないほうがいいのではないですか。

《質問に答えて》

「字訓釈」について

座談会で出していただきました問題点の主なものをお知らせいただきましたので、まず、その質問に添いながら少しお話しをさせていただこうと思っております。

一班の方の話し合いの中で、我々僧侶、お坊さんの言葉が分からないという批判や、それから法話の中で仏教語をあまり使わないでほしいと、注文を受けるという、そういうことがお話の中であったそうです。そういう言葉が通じないという問題があります。仏教語を持ち出しても、現代の世間の人々にはもちろんすぐに伝わるものではないのです。そのために、このごろ若い人たちが、いろいろと言葉を現代的に言い換える、そういう努力をしてくださっています。

これも非常に大事なことです。

　そういう形で、現代の時代社会のなかに通じていくような言葉を求めるということは大事なことなのですが、しかし、そういう努力のうえでやはり仏教語を伝えるということがありませんと、その意訳されたものは、その後の歩みの中でどんどん言葉が変質するといいますか、変わっていってしまうのです。ですから、現代に通じる言葉にまで具体化するという努力を重ねながらも、もとの仏教語というものを伝えていくということが大事ではないか、そういうことを感じております。

　親鸞聖人の『教行信証』に特徴的なことの一つに、「字訓釈」というものがあります。代表的なのが「信巻」にある本願の三心の字訓です。

> 「至心」と言うは、「至」はすなわちこれ真なり、実なり、誠なり。「心」はすなわちこれ種なり、実なり。「信楽」と言うは、「信」はすなわちこれ真なり、実なり、誠なり、満なり、極なり、成なり、用なり、重なり、審なり、験なり、宣なり、忠なり。
>
> （聖典二二三頁）

というように、仏教語としての「至心」「信楽」という言葉のそれぞれ後ろに、一般に使われる言葉を挙げておられるのです。そういう言葉で、一つひとつの言葉の受けとめ、確認をされていく。そしてその言葉をまとめて、

「至心」はすなわちこれ真実誠種の心なるがゆえに、疑蓋雑わることなきなり。「信楽」はすなわちこれ真実誠満の心なり、極成用重の心なり、審験宣忠の心なり、欲願愛悦の心なり、

（聖典二二四頁）

というように、一つひとつ挙げた言葉をまとめて押さえておられます。

これはやはり、いわゆる隠語性を破っていくための努力なのでしょう。その社会、その世界に生きているものだけに通ずる独特の言葉、これはどの世界にでもあるのです。お相撲さんの世界には、お相撲さんの独特の言葉使いがありますし、経済界でも、医学界でも同じでしょう。どういう世界であっても、やはりその世界を形成していくうえで、非常に大きな力をもつのが隠語です。その隠語を使うことにおいて、その世界の一員としての自分というものをまた感じもする、そういうことがあるかと思います。

私たち仏法を聞いていこうとするものにとっても、やはり僧侶の世界だけに通じる隠語があるのです。その教えの本当の大事な核心をあらわす言葉が、しばしば隠語になってしまうのです。「本願」「念仏」「信心」というような、その言葉を出せば皆が頭を下げるというような、何かその言葉が使われると、そこで議論が止むというような、そういうことになっている部分がやはりあるのではないでしょうか。

そういう意味では、私たち一人ひとりが、やはり自分自身において、その言葉を受けとめ確

認していく、そういう学びが必要ではないでしょうか。その根本の言葉が、本当に自分自身に頷けていなければ、言葉を換えてみましても、あるいは何か言い方に工夫をしましても、所詮それはその場だけのことに終わるのではないかと思います。

「転釈」について

親鸞聖人の場合、『教行信証』の中で、「転釈」といって、言葉を次々と移していくということをしばしばされています。たとえば「行巻」では、「称名」という言葉を転釈されています。

> しかれば名を称するに、能く衆生の一切の無明を破し、能く衆生の一切の志願を満てたまう。
>
> （聖典一六一頁）

これは、まず曇鸞大師の『論註』の言葉で受けとめられているのです。そしてその後に、

> 称名はすなわちこれ最勝真妙の正業なり。正業はすなわちこれ念仏なり。念仏はすなわちこれ南無阿弥陀仏なり。南無阿弥陀仏はすなわちこれ正念なりと、知るべしと。
>
> （聖典一六一頁）

このように言葉を移し変えておられます。

この「称名」という言葉は、もともと、天親菩薩の『浄土論』の「讃嘆門」において押さえられた言葉です。それに対して「最勝真妙の正業」という言葉は、善導大師のお言葉です。そ

して「正業はすなわちこれ念仏なり」といわれる。この「念仏」という言葉は皆使われるのですが、特に念仏という意義をただ一筋に明らかにしてくださったのは法然上人です。ですから、言葉を移し変えながら、そこによき人と等しく生きられた、その「称名念仏」ということに込められてあります心というものを、歴史の中に受けとめていかれるということが、転釈というところにあるかと思います。

親鸞聖人の言葉に「偏頗（へんぱ）」という言葉があります。『御消息集（広本）』に、

また、親鸞も偏頗（へんぱ）あるものとききそうらえば、ちからをつくして、『唯信鈔（ゆいしんしょう）』・『後世物語（ごせものがたり）』・『自力他力（じりきたりき）』の文（ふみ）のこころども、二河（にが）の譬喩（ひゆ）なんどかきて、かたがたへ、ひとびとにくだしてそうろうも、　（聖典五七五頁）

とあります。

『唯信鈔』というのは、聖覚法印の『唯信鈔』です。『後世物語』・『自力他力』は、隆寛律師です。それらの本を、「文のこころども、二河の譬喩なんどかきて、かたがたへ、ひとびとにくだしてそうろうも」とあるように、関東の念仏者に書き送られたのです。

これは善鸞の異義によって関東の念仏者の間に混乱が起こります。そのことを悲しんでのお手紙にこのように書かれてあるのですが、そこに親鸞も偏頗があるということが押さえられてあるのです。偏（かたよ）りがあるのですから、同じ願いに生きた人々の、具体的には聖覚法印や隆寛

律師の言葉、表現というものを親鸞聖人は大事にされ、それを関東のご門弟に常に書き写し送っておられるのです。

そういうことの、いうならば最も凝縮した形で現れているのが、この「行巻」の「称名」の転釈であるといっていいかと思います。この言葉の中で、最後の「南無阿弥陀仏はすなわちこれ正念なりと、知るべしと」という言葉ですが、曽我量深先生がお亡くなりになる直前に、「はじめてわかりました」とおっしゃったのが、この「正念」という言葉です。

安田理深先生が曽我先生をお見舞いされ、お別れに行かれた時に、安田先生に向かって曽我先生が「正念ということがわかりました」と、こうおっしゃった。「どういうことですか」と、安田先生が尋ねられましたら、「正念とは平常心是れ道であるとこうわかりました」とおっしゃったというのです。平常心という言葉で「正念」ということを押さえられました。その言葉をお聞きして、「私は常識という言葉を思い浮かべました」と、安田先生はそういう言い方をされておりました。「正念とは平常心だ」と曽我先生が押さえられた。その平常心という言葉を安田先生は「常識」と受けとめられた。安田先生は、その前の「念仏はすなわちこれ南無阿弥陀仏なり」、これで終わっていいではないか、何でその後に「南無阿弥陀仏はすなわちこれ正念なりと」こういう言葉がおかれてくるのか、それがずっとわからなかったとおっしゃっていました。そしてそのことが、曽我先生のお言葉を通して、安田先生には「常識」と受けとめられたということです。

これまた「常識」という言葉が非常に厄介なのです。『広辞苑』を引きますと、「常識」という言葉は、専門的でない一般的な、誰もがもっている一般的な知力ということで、全部知力ということで「常識」ということの説明がされていました。もちろんそういう意味もあります。私たちも、「こんなことぐらいわからんか、常識じゃないか」という言い方で「常識」という言葉を使いますから、その意味では知力、誰でもが知っておくべき、知っているはずの一般的な知力ということなのでしょう。

これは迂闊にも、安田先生にお尋ねしないままになってしまったのですが、先生の場合その「常識」という言葉をどのように受けとめておられたのか。常識という言葉は、「common sense」の訳と聞いております。『大辞林』という辞書では、四番目ぐらいに共通感覚という意味で押さえてありました。人間ならば皆等しくもっているはずの感覚、人間としての感覚ということです。

「常識」ということが非常に気に掛かりましたのは、小学校の子どもが六年生になると、それまでは非常に模範的な、非常にまじめでクラスの仲間の面倒もよく見る、というようないい子だったのが、六年生になって非常に「荒れ出す」ということがありました。新聞はすぐに言葉を作るのですが、高学年という字を「荒れる」という字を書いて、「荒学年」という言い方がされていたほどでした。そして、そういう例をいろいろ特集しておりました。その中で、非常に優秀な、成績も抜群、五年生まではいい子であったのが、六年生になって荒れ出した。そして、特にクラスの中に体に障がいをもっている友だちがいる、その子を非常にいじめ抜く。それで担任の先生が「弱いものの気持ちがわからんか」とこういったら、その少年は下を向いたままボソッと「わからん」と答えたというのです。そのことについてその先生のコメントが出ていたのですが、「学力が上がれば常識も身についていくと、そう思っていたがどうも違った」と、そう痛感されたようです。

そういう記事がありまして、その時の「常識」という言葉が気に掛かったのです。やはりそこでは、その先生は学力が向上すれば、学力という言葉に対して「常識」という言葉をおいておられるのです。そうしますとその先生におきましては「常識」という言葉を知的な力、一般的なそういう専門的な知識でなくて、一般的な誰でもが知っているべき知力という意味ではなくて、やはり感覚ということをその先生はいおうとしておられるのではないかという気がしました。

そして振り返りますと、私たちは、今日、子ども教育といいましても、だいたい知力です。知力を伸ばすということに、ひたすら努力しているのです。人間としての感覚というものを身につけさせるといいますか、育てていくということを忘れてしまっていて、怠ってきたということがあるのではないでしょうか。

自分が子どもだったころのことを考えましても、それぞれの家庭に、それぞれの家庭独自の儀式といいますと少し大げさですが、親も子も座り直して何かするという、そういう時が昔はそれぞれの家庭にあったように思います。それが今日では、そういうものがなくなってきています。親子全員が揃って何かをするということがなくなってきています。そういうことも、人間としての感覚、そういうものを育てられる時をもたなくなったということに繋がっているように思うのです。そして感覚というものは、ある意味で理屈を超えて、その人の生きる姿勢なり生き方なりを根本から決めてくるのが感覚というものでしょう。この感じ取る心が重要なのです。

浄土という問題も、私たちはやはり知的な対象としてとらえるようになってしまっていますが、善導大師の「序分義」には、

弥陀(みだ)の本国四十八願なることを明かす。（「真仏土巻」聖典三二一頁）

という、有名な言葉が置かれています。そしてそこから、

願願みな増上の勝因を発(おこ)せり。因に依(よ)って勝行を起こせり。行に依って勝果を感ず。果に依って勝報を感成せり。報に依って極楽を感成せり。（「真仏土巻」聖典三二一頁）

と、そこにずっと「感ず」「感成」という言葉が挙げられています。極楽を感成する。極楽を

認識するのではないのだということです。浄土は認識対象でない、感覚する。そういうものとしてそこに押さえられています。『大無量寿経』の科文がそのままずっと取り上げられておりますので、「極楽を感成せり」までが『大無量寿経』の上巻の流れを押さえてあるのです。そして「楽に依って悲化を顕通す」ここからが下巻、悲化段の文ということになるのですが、ともかく、そういう「感成する」というような問題があります。

「正念」というのを、曽我先生が平常心と受けとめられた。つまり日常の生活を貫いて、その心がはたらいている、憶念されている。それは、その人の生きていくうえでの基本的な感覚、そういうものとしてその人間の生き方を決定していくのです。西谷先生は、「宗教というものは、結局人間としての生き方の問題だ。そして生き方というものには、生きていく在り方と同時に生きていく方向が定まると。その生き方という言葉に二つの意味が押さえられるであろう。だから信心において人間としての生きる生き方が定まる」と。つまり、生きていくその在り方が、文字通り平常心です。同時に何に向かってといいますか、そういう生きていく方向が定まると、そういう言葉でおっしゃっておりました。正に、生き方を定めてくるもの、生き方が定まるということ、そういう意味がここには押さえられているということが一つあるかと思うのです。

「転釈」というのは、自分に先立って、その問題を受けとめながら歩まれたいろいろな人の、その人その人の言葉というものを受けとめながら、その歴史といいますか、そういうものに出遇っていく、歴史の中で頷いていくといいますか、明らかにしていくという努力が、この「転釈」ということには思われることです。

「相対釈」について

それからもう一つ宗祖の言葉に対する吟味の仕方に、「相対釈」ということがあります。これはたとえば、「行巻」の、

　しかるに教について、念仏・諸善、比校対論するに、（聖典一九九頁）

として、念仏と諸善の行というものを相対して、それを「難易」「頓漸」「横竪」「超渉」「順逆」というように、それぞれの在りようといいますか、それを相対して明らかにしていかれるのです。これは広げて申しますと、一つの言葉を吟味していきますのに、やはり正反対の言葉と相向かい合ってその言葉の意味を明確にしていくことです。

　これは題名を忘れてしまったのですが、太宰治の小説の中に主人公と友だちが一種の遊びですが、一人がたとえば、「善」なら「善」という言葉を挙げると、相手が「悪」と答える。その反対語をすぐに挙げていく。そういうゲームがありました。そのゲームをずっと進めていって、「罪」ということを一方がいう、「罪」に対する反対語は何かと。結論が出なくなるのです。

「罪」に対する反対の概念とは何かと。それがはっきりしないということは、「罪」という概念が曖昧だということにもなってくるのですが、何かそういうシーンがあったのが非常に印象に残っております。そういう意味で、やはり「相対釈」というのは、概念を厳密に押さえていく努力であるというようにみていいのかと思います。

ここで「四十七番対」と普通呼びますが、「四十七相対」の言葉が挙げられています。それから、

　また、機について対論するに、信疑対、　（聖典二〇〇頁）

というように、「機」についての「相対釈」がなされています。前は「教」についてでしたが、今度は「機」について、信ずると疑う、善と悪、正と邪というようにして、こちらは十一対です。相対を挙げて吟味を重ねられています。

『教行信証』の中では、言葉を明らかにする、言葉を受けとめていくということのために、宗祖は「字訓釈」とか「転釈」とか「相対釈」という努力をされているのです。

その意味でやはり私たちは、私たちそれぞれ、その仏教の言葉を自分のところでどこまで自分自身に、つまりご門徒さんにわかってもらうというよりも自分自身にどこまで頷けるのか、そういうことが問われているのだと思います。ご門徒さんが仏教語をあまり使うなと注文されたということがあるとすれば、やっぱり話がわからないということですから、そこではただ言

葉を使うか使わないかという問題では済まないものが押さえられているのでないでしょうか。もし本当にその話全体が生きていれば、そこに使われる言葉も生きてくるのですが、なかなか私たちにおいてはそうなってこないのです。やっぱり語ること全体についても、それから使う言葉一つひとつについても、まことに曖昧のままだということを思い知らされると、そういうことを思うのです。

《質問 二》

吉水教団の在り方にどういう問題があったのですか。

《質問に答えて》

法然上人にもたれかかるような在り方

親鸞聖人が、関東に移られて、問い直そうとされた吉水の僧伽ということですが、その僧伽の在り方、吉水教団の在り方にどういう問題があったのかということですが、それは『歎異抄』の「後序」にあります信心一異の論争にあらわれていると思います。

『歎異抄』には、信心一異の論争を親鸞聖人がされたということが記されています。親鸞聖人が、私の信心は法然上人の信心と同じだといわれた。

「善信が信心も、聖人の御信心もひとつなり」（聖典六三九頁）

と、こうおっしゃった。それに対して、先輩の門弟ですが、勢観房、念仏房なんどもうす御同朋達、もってのほかにあらそいたまいて、「いかでか聖人の御信心に善信房の信心、ひとつにはあるべきぞ」とそうらいければ、「聖人の御智慧才覚ひろくおわしますに、一ならんともうさばこそ、ひがごとならめ。往生の信心においては、まったくことなることなし、ただひとつなり」と御返答ありけれども、なお、

> 「いかでかその義あらん」という疑難ありければ、（聖典六三九頁）

とあります。

親鸞聖人が、「聖人の御智慧才覚ひろくおわしますに、一ならんともうさばこそ、ひがごとならめ。往生の信心においては、まったくことなることなし、ただひとつなり」と、法然上人の智慧才覚と同じということではなく、往生の信心が同じだといわれたのですが、先輩から「そんなことがあるものか」と反対されたということです。

それで、結局、法然上人の前に出て、上人からそのことに対する正否を仰ぐことになった。その時に、法然上人は、

> 法然聖人のおおせには、「源空が信心も、如来よりたまわりたる信心なり。善信房の信心も如来よりたまわらせたまいたる信心なり。されば、ただひとつなり。別の信心にておわしまさんひとは、源空がまいらんずる浄土へは、よもまいらせたまいそうらわじ」とおおせそうらいしかば、（聖典六三九頁）

とあります。

そこに現れているのは、法然上人の側近、いうならば高弟と自負していた勢観房、念仏房という人たちは、法然上人の智慧才覚を尊び、尊敬して仰ぎ見ていたということです。法然上人という方を、絶対的な方として仰ぎ見ていたということが、このことからうかがわれるのです。

自分たちの信心と、立派な法然上人の信心が一つであるなどということはあるはずがない。そのように、尊敬の念をもつということの裏側には、法然上人を絶対化することにおいて、その絶対的な法然上人にもたれかかり、すがって生きるという在り方があるということです。

そのような信心の違いが、なぜ生まれてくるのかということについて、蓮如上人は『御文』(二帖目十五通)で、

そもそも、日本において、浄土宗の家々をたてて、西山・鎮西・九品・長楽寺とて、そのほかあまたにわかれたり。これすなわち法然聖人のすすめたまうところの義は一途なりといえども、あるいは聖道門にてありしひとびとの、聖人へまいりて浄土の法門聴聞したまうに、うつくしくその理耳にとどまらざるによりて、わが本宗のこころをいまだすてやらずして、かえりてそれを浄土宗にひきいれんとせしによりて、その不同これあり。

(聖典七九三～七九四頁)

と、このような言葉で押さえておられます。

それぞれが、それぞれの物差し、それぞれの思いをもって、いわば法然上人を担ぎ上げて、そこに一つの場を開いていったということです。そういう問題が押さえられるかと思います。そういうことによって、吉水教団の在り方というものが変質し、歪められていったということがあったわけです。

教団を権威化する動き

蓮如上人の『蓮如上人御一代記聞書』に、非常に気になる言葉があります。それは、

明応五年、正月二十三日に、富田殿より御上洛ありて、仰せに、「当年より、いよいよ、信心なきひとには、御あいあるまじき」と、かたく仰せ候うなり。（聖典八五八頁）

と、こういう言葉です。明応五（一四九六）年といいますと、蓮如上人が亡くなる三年前で、本当の晩年です。その時になって、「信心なきひとには、御あいあるまじき」と、信心のない人には会わないと宣言されたというのです。これはさらに、

同じき七年の夏より、また御違例にて御座候うあいだ、五月七日に、「御いとまごいに、聖人へ御まいりありたき」と、おおせられて、御上洛にて、やがて、おおせには、「信心なきひとには、あうまじきぞ。信をうるものには、めしてもみたくそうろう。あうべし」と云々（聖典八六四頁）

といわれているのです。こういう言葉がどうもわからないのです。

「信心なきひとには、あうまじきぞ。信をうるものには、めしてもみたくそうろう。あうべし」ということですから、信心を得た人だけをそばに招いて会われるということです。これは、どういえばいいのでしょう、同じ信心を得た人の集いを求めておられるとしか思えません。しかし、蓮如上人は、

　同じく仰せに、「まことに、一人なりとも信をとるべきならば、身を捨てよ。それは、すたらぬ」と、仰せられ候う。（聖典八七六頁）

と、一人が信をとるためには身を捨ててもいいとまでいわれているのです。これは、信心なき人に向かい合うということでしょう。このように、一人でも多くの人に「信心をとってほしい」と願われる心と、「信心なきひとには、あうまじき」という言葉が、どのように重なるのかがずっと気になっていました。

　そういう中で、『蓮如上人御一代記聞書』に、

　蓮如上人の御とき、こころざしの衆も御前におおく候うとき、「このうちに、信をえたるもの、いくたりあるべきぞ。ひとりかふたりかあるべきか」など、御掟候うとき、おのおの、「きもをつぶしもうしそうろう」と、もうされそうろうよしに候う。

（聖典八六五頁）

ということが出ていました。そこに、「こころざしの衆」とありますから、同じこころざしに生きている人々、共に念仏もうし、願生浄土ということを共にこころざして生きている者ということなのでしょう。つまり、我らこそ念仏の者と、蓮如上人を通して念仏の教えに遇い、共に念仏の道を歩んでいる者です。ある意味で、そのように自負している人々ということでしょう。その人々を前にして、「このうちに、信をえたるもの、いくたりあるべきぞ。ひとりかふ

たりかあるべきか」といわれたのです。そこに何人の人がおられたのかわかりませんが、ここにありますように文字どおり「おのおの、きもをつぶしもうしそうろう」ということになったわけです。

蓮如上人の前におられた人々は、皆自分たちは念仏者になっている、念仏者である、信心を得ていると自負している人々です。それに対して、「本当に信心を得た人は何人いるのか、一人か二人はいるか」といわれたのです。その言葉を通して、私は改めて「信心なきひと」という言葉を受け取ったのです。

つまり、この「信心なきひと」というのは、道を求めてもがきながらお信心を得ることができずに苦悩している人のことをいわれているのではなくて、いうならば、僧伽の中にあって、自分たちこそ僧伽を担っているのだと、そう自負している人なのです。そのような人でも、はたして本当に信心を得ているのかということを問われているのでしょう。

ですから、「信心なきひとには、あうまじきぞ」という言葉は、それまでに蓮如上人のもとに生まれた一つの僧伽を、ある意味で打ち砕くような言葉であったのでないでしょうか。そうすると、そのこころざしの人はどういう在り方をしていたのかということが、また疑問になるのです。

これについては、

ゆうさり、案内をもうさず、ひとびとおおくまいりたるを、美濃どの、「まかりいでそうらえ」と、あらあらと御もうしのところに、仰せに、「さようにいわんことばにて、一念のことをいいてきかせてかえせかし」と。「東西をはしりまわりていいたきことなり」と、おおせ候うとき、慶聞坊、なみだをながし、「あやまりて候う」とて、讃嘆ありけり。

(聖典八六三頁)

と、「一念の信」ということを伝えるべきなのだとおっしゃったということが、いわれています。

それからもう一つ、『蓮如上人御一代記聞書』には、

また、「御門徒の上洛候うを、遅く申し入れ候う事、くせごと」と、仰せられ候う。「御門徒衆をまたせ、おそく対面すること、くせごと」の由、仰せられ候うと云々

(聖典九一一頁)

とあります。

このような言葉から、その当時、ご門徒が蓮如上人を訪ねてきてもなかなか会わせないとか、しばらく待たせた後でようやく会わせるということを、側にいる人がしていたということでしょう。これは、既に教団を権威化していく動きがあったということです。蓮如上人と同じように、念仏の道を歩むという同じこころざしをもった人たちが、蓮如上人を背にして、訪ねてき

た人に、そう簡単に会えると思っているのかというような、勘ぐっていけばそういう態度でなかなか会わせないという、蓮如上人を権威化しようとするような動きが起こっていたということです。それによって、その組織というものを強固にしようとする、何かそういう動きが既にあったのだと思われます。

吉水にあっても、法然上人の智慧才覚を絶対化し、そのことにおいて吉水の僧伽というものを、いつのまにか法然上人を担ぎ上げながら閉ざしていく。そういう集いに変質してしまっていたのだと思います。

そういうことを、親鸞聖人は越後の田舎の人々との出会い、そして田舎の人々と生活を共にする中で、非常に強く感じられたのではないでしょうか。親鸞聖人は、決して法然上人を見限られたのではないのです。法然上人の仰せを聞く、あくまでも仰せに生きられたのです。しかしそれは、法然上人を中心に何か権威化しようとする吉水の在り方というものには馴染まないということから、京都に帰ろうという思いは起こらなかったということではないでしょうか。そのために、法然上人から賜った言葉と共に、越後の人々と共に関東に移って行かれた。そういうことではなかったのかと思います。

そのことは、やはり今日私たちの在り方そのものにおいても、問われてくることです。僧伽といいながら、それがいつのまにか閉ざされた在り方に変質していく。そういう問題が、そこには押さえられているように感じています。

親鸞聖人が、吉水に戻られなかった理由は、正直いって本当のところはわからないのですが、私はこういう残されている言葉を通して、そのように感じているのです。

《質問　三》

法然上人の「菩提心無用」ということを、親鸞聖人はどのように受けとめられたのですか。

《質問に答えて》

親鸞聖人が明らかにされた菩提心

聖道門の人々から、仏法を危うくするものと厳しく批判されたのが、「菩提心無用」という法然上人の主張であったわけですが、その批判に対して、親鸞聖人は何としてでも反論しなければならないという思いを、強くもたれたのだと思います。

親鸞聖人が明らかにされようとした菩提心ということを、『教行信証』の上でたずねてみたいと思います。まず、

しかるに菩提心（ぼだいしん）について二種あり。一つには竪（しゅ）、二つには横（おう）なり。

（「信巻」聖典二三六頁）

とあります。法然上人が否定されたのは、その「竪」の菩提心です。「竪」というこの字は、「自分の目で見て自分の手で真っ直ぐ立てる」ということを意味する言葉だそうです。ですから、「竪」というのは、そういう自分の目で確かめ自分の手で努力して真っ直ぐ立てるという

ことから自力をあらわす言葉です。それに対して「横」というのは、他力をあらわす言葉として親鸞聖人は使われているのです。そこに、親鸞聖人における「教相判釈」という言葉でもいわれますが、いわゆる「二双四重の教判」ということがあるのです。

それについて、

> また竪について、また二種あり。一つには竪超、二つには竪出なり。（中略）また横について、また二種あり。一つには横超、二つには横出なり。（「信巻」聖典二三六頁）

と、「竪」に竪超、竪出があり、それから「横」に横超、横出があるとされます。「超」というのは一気にということです。「出」というのは一歩一歩ということです。一歩一歩、歩みを重ねて出ていくという意味をもっています。

そのように、親鸞聖人も菩提心ということを強くいわれるのです。もちろん、菩提心がなくては、仏道といえないのでしょう。ただ、この「竪」の場合は、あえていえば菩提を求めて歩みだす心、こういっていいかと思います。それに対して「横」の場合は、菩提の心に生かされていくという意味が出てきます。自分から菩提を求めて歩むという、そういう歩みを意味しているのではないのです。非常に乱暴な言い方をしますと、大乗仏教、天台も真言もこの竪超というものを旗印として掲げているのです。言葉としては「即身成仏」「即身是仏」とか、「六根清浄」とかいう言葉でいわれるのが竪超の道です。そこに教理としてあげられているのは、どこまでも「即身成仏」「即身是仏」というような世界です。しかし、現実にはやはり、一歩一歩しか歩めないのでありまして、具体的な在り方といいますと竪出になるのです。

竪の菩提心を、非常な情熱をこめて書かれたものとして、伝教大師最澄の願文があります。非常に格調高い言葉で、その書き出しに、

愚が中の極愚、狂が中の極狂 （『比叡山大師伝』）

という悲嘆。そしてさらに、

塵禿の有情、底下の最澄 （『比叡山大師伝』）

と、こういう深い懺悔の言葉とともに書き出されています。

ただ、そういう自己認識をもたれている伝教大師ですから、だからこそひたすらなる修行を続けていかなければならないと、そういう姿になっていくのです。

そこに、

我れ未だ六根相似の位を得ざるより以還(このかた)出仮せじ。 （『比叡山大師伝』「願文」）

とあります。この場合の「出仮」は、世間に出るということです。裟婆に出るということです。「六根相似の位」をこの身に成就するまでは、決して山を下りない。いわゆる籠山十二年というようなことです。ですから具体的にはやはり、「即身成仏」というのは、一歩一歩十二年間かかって「六根相似の位を得る」ということになります。

「六根相似」ということは、その「六根」がしかも法に遇い、「相似」するという位です。つまり「六根清浄」という位です。その「六根清浄」の位を得るまでは、決して世間に関わらない。あるいは清らかな戒律を具足するまでは、檀主法会に出ないとか、非常に厳しい言葉で、ずっと願文が五か条挙げてあるのです。

そういうように、具体的には長い修行を経て、ようやくその境地に達するのではないかということになります。結局そうなりますと、それこそ「死」という問題がそこに立ち塞がりまして、いのちある間にその位を成就できるのかという恐れが生まれてくるのです。これについては、中国の天台大師智顗の言葉が、『高僧伝』に載っています。

「この世で、門弟たちを教育しなければならなかったために、とうとう私はこの世で悟りを開けなかった」

そういうような愚痴を、天台大師はいっておられるのです。ましてや、一般の人々にとっては、このいのちある間に「即身成仏」を成就できるかどうかです。ある意味で曇鸞大師が「仙経」を読まれたのも、こういう問題があるのです。

このように、まず長命を得なければ途中で終わってしまうという、これは中国に一つの伝統的な流れがありまして、まず仙術を学んで長命を得て菩提心を起こすということが、いろいろな人の伝記の中に出ています。ですから、この「頓教」といいましても、具体的には死を前にしますと、途中で終わってしまうのです。そうしますと、死んだ後、浄土に生まれて浄土で仏道を完成したいと願うことが起こってくる。それが、比叡山の人たちの中において、「朝題目の夕念仏」といわれた。つまり、日中は天台の僧としてその行を積むが、しかし夕方になると有志が集まって念仏講、念仏結社に集まって、ひたすら念仏をして浄土に生まれることを願うということが起こるのです。念仏の流れとしてずっと起こるのです。源信僧都などの伝記にも、こういう念仏結社のことが伝えられています。そこに、この世での仏道成就を断念するという、そういうひとつの断念をくぐるのです。

　その意味では、自力に対するひとつの躓きが押さえられます。しかし、そこに念仏によって浄土に生まれて、その浄土において仏道を完成していこうという、やはり一歩一歩の自らの歩みをたのむ在り方があるのです。そこに「横出」ということがある。この「横」には、自力の断念があるのです。

　しかし、自らの歩みに対する執着ということは、どこまでも残ります。『歎異抄』の第十一章に、「もうすところの念仏をも自行になすなり」（聖典六三一頁）という言葉があります。念仏を我が行としてたのむということです。これが「百万遍念仏」とか、そういうことにも通じていくのですが、そういう自力に対する徹底した否定を通して、ただ本願に帰するということが出てくる。それが、「横超」ということで立てられてくるのです。

ですから教相判釈といいましても、親鸞聖人の「二双四重の教判」というのは、決して教の優劣を判定する判釈ではありません。法がいかにしてこの私の上にまで成就してくるのかということ、法がこの私の上にまで成就していく法の歩み、法の用きというものを押さえられたのが「二双四重の教判」です。今、ここで教相判釈といいましても、親鸞聖人はそういう言葉を使っておられるのではないのですが、決して教の上に立てられているのではなくて、ここでは菩提心の上にこういう判釈といいますか、二双四重の展開が押さえられているのです。

次に、

「横超」は、これすなわち願力回向の信楽、これを「願作仏心」と曰う。願作仏心は、すなわちこれ横の大菩提心なり。これを「横超の金剛心」と名づくるなり。

（「信巻」聖典二三七頁）

と、このように「横の大菩提心」という言葉をあげておられます。

ですから、「菩提心無用」と法然上人がおっしゃったのは、どこまでも自力の菩提心で、

歴劫迂回の菩提心、自力の金剛心、菩薩の大心なり。

（「信巻」聖典二三六頁）

といわれるものです。そういう「菩提心」は、我らにあっては、とてもその心を起こし、その心において歩むというようなことは成り立たないものです。そこに「横の大菩提心」という意味を明らかにし、私を促し、私を歩ませていく力、そういうものをそこに受けとめられるので

す。ですから、ある意味で菩提心無用ということに対する聖道の人たちからの非難を、法然上人に代わって反論しようとされたのだと思います。

親鸞聖人には、法然上人に代わってというような意識はなかったのでしょうが、法然上人の教えを受けた者として、その非難に応えるということを、親鸞聖人は自らの大きな課題として担われたということが、そこにはあったと思われます。

「横竪の菩提心」(「信巻」聖典二三七頁)ということを、親鸞聖人が初めていわれたのですが、「竪の菩提心」というのは、徹底して自らの菩提心において向上していこうとする歩みです。「六根相似の位」まで登りつめようとする、向上の道です。しかしそれは、やはり力あるものだけの道になります。同時にそういう「六根相似の位を得」たりという、いうならば自負心に立って人々を見下ろすというか、高みから全体を見下ろしていくものです。

それに対して、「横の大菩提心」という立場は、どこまでもいのちの最も根っこのところから共に歩める道、そういう世界を開こうとするものです。ですから、「竪の菩提心」の「向上の道」に対していいますと、「向下の道」です。これは実は、安田理深先生が常に指摘してくださったことでありまして、私たちの聞法会に来ていただいた時に、こういう会は「向上の会」ではなく「向下の会」なのだということを、いつも繰り返しご指摘くださいました。何か仏教について知識を増やしてそれで向上していこうという、そのための学習会、聞法会ではないのだと。その学びを通して、いよいよいのちの根源に帰る、呼び返されていくという歩みを促されるのが、仏法を学ぶということなのだと教えられたことがあります。

そういう、いのちの根源に帰るところに目覚めてきた願力、一切は願力回向によるという頷きを、親鸞聖人は「横の大菩提心」として、それは私の決断、私の意思で歩み続ける道ではなくて、常に促し続けられ呼びさまされ続けて私の上に開かれてくる歩みであると、そういうことがこういうところで押さえられてくるかと思います。

ともかく、菩提心の問題について明らかにしようとして、親鸞聖人は『教行信証』を書こうとされたのだと強く思います。

《質問　四》

三宝についてもう少しお聞かせください。

《質問に答えて》

四種の三宝

三宝ということでは、「四種三宝」ということがいわれます。「四種三宝」というのは、一つは「一体三宝」ということで、これは「同体三宝」という意味と同じです。それは、三宝のそれぞれに他の二宝が含まれているということです。

つまり、仏法というとき、それは仏が明らかに説かれたところです。仏というのは、先ず目覚められた人ということですから、目覚めているというところに、仏の法、仏法ということが見られます。それから、法という言葉の意味には、軌則（きそく）という意味があります。それによって物事がはじめて受け取れる、理解される、それに則って受け取れるという軌則です。そういう軌則の義をもっているという意味で、仏法はまた法宝、法の宝ともいわれます。

もう一つ具体的には、仏の身に具えている徳が、人々にとって一つの道しるべとなり、軌則となるという点において法宝となります。それからその徳を通して、仏には、いわゆる争うということがない。全てのものと、和合の状態といいますか、合い和する。そういう和合の姿においてあるというその一点において、僧宝を具えているといえる。こういうように、三つのそれぞれに、他の二つが押さえられていくということです。三つが全く別な存在として分かれてあるのではないということを、「同体三宝」という言い方でいわれるのです。

そしてそれは、もう一つ押さえていえば、たとえば、私において私の外に三宝があるのではない。その三宝において私が私を見いだしてくるということであり、その私の中に三宝のはたらきが受けとめられていくということが、同時に押さえられるのです。

そこで、そういう「一体三宝」ということと、それから「理体三宝」というような言葉が立てられていますが、これは真如の道理の上に三宝のはたらきが立てられていくというのが、「理体三宝」という言葉であげられているところです。そういう仏法の道理というものに三宝のはたらきを押さえていくというのが「理体三宝」です。

そして、三番目は「化儀（けぎ）の三宝」です。これは文字通り、化儀ですから、人々を、いうなれば教化していくという、その教化する歩みということです。そこには、その姿の上に三宝を立てるということでありまして、それはたとえば、仏宝はもちろん釈迦牟尼仏、それから法宝は釈尊が説かれた法です。それから僧宝は、その法において目覚めた仏弟子方ということです。

最後が「住持の三宝」。この仏滅の世において、仏法を住持するというのは、曇鸞大師は、住とは「不異不滅」、持というのは「不散不失」といわれていますが、つまり「不異不滅」のほうは、変質させない。それから「不散不失」は、散失させない。そこに「住持」という意味を置きます。

これは、『浄土論』の「主功徳成就」について、「法王善住持」という偈文の住持を釈して押さえられるところにいわれていることです（『証巻』聖典二八二頁）。そのことからいいますと、住職というのは、住持職ですので、三宝を住持することをもって、自らの存在とし、仕事とする、職とすると、そういうこともいえるかと思います。あと、そういう仏滅後に仏法を住持していくその用きをもつものとして、三宝ということがあげられるのです。

その場合、仏宝というのは、いわゆる形像（ぎょうぞう）、つまり仏像です。それから、塔廟、廟のことです。それが仏宝です。そういうものによって、仏というものが象（かたど）られ伝えられていくということです。これが「生命」ということですね。「生」というのは、金文では「〓」という文字で、これは大地から草木が芽を出した形を象ると、こう教えられています。ですから、この生命の中の物質的な面です。肉体です。そして「命」のほうは、象形文字からきているということですが、金文では「〓」という文字で、まず上にある「〓」は礼冠です。これは神に祈ったり誓ったりする時に頭に被る帽子です。そして「〓」は、礼冠を被った人がひざまずいている姿を示しています。その人の前にある「〓」は、誓いとか願いの文を入れる箱で「さい」というものです。ですから、「命」のほうは、精神的な、要するにいのちにおける精神的な営みの面が押さえられるのです。

これは、中国では、「魂魄(こんぱく)この世にとどめて」と、「魂魄」という言葉でいわれます。「魂」はもちろん、たましいですが、「魄」のほうは肉体を指しています。そしてその「魄」を伝えていくものが塔です。つまり、五重の塔とか三重の塔といわれる塔は、仏骨、舎利を伝える、安置するものですから、塔というのは魄を納めるものです。そしてこの「魂」のほうが廟です。その「魂」に出遇う場といいますか、ですからいわゆる、本廟というときの廟も、そういう意味をもつのでしょう。そういう「魂魄」ということを通して、塔・廟を仏滅後の仏宝と見なすということです。

それから、法宝は、経典です。その経典を法宝と見なすということです。

そして僧宝は、文字通り僧侶です。剃髪染衣(ていはつぜんえ)、髪を剃り、染めた衣を着た人たちを僧宝、それから仏の戒律を身に護る、そういう姿をとっている者を僧宝と、このように押さえられまして、それを「住持の三宝」と呼ぶのです。

そしてこの、「住持」と「化儀」、これは「別体三宝」です。この三つはそれぞれバラバラに押さえられるのです。そして最初の「一体三宝」と「理体三宝」、これは「同体三宝」の姿として立てられているのです。道元の書物、『正法眼蔵』の中においても、そういう「四種の三宝」の姿というものをずっと押さえて、そこに論を展開しているのです。

同体三宝

三宝について、特に「同体三宝」について、もう少しお話ししますと、三宝といいますが、仏宝と法宝において完結しているということがあります。これは時代社会、その時代社会に生きる人々の現実、そういうものを超えて、いつの世にあっても、いかなる人のうえにおいても、変わることのない真実としてはたらくものが、仏と法の二宝です。

その仏と法が、時機、つまり時代社会に生きる人々のうえに歩み出て、はたらくという時に、そこに僧宝という問題が出てくる、開かれてくるといっていいかと思います。そしてそういう真実なるものが時機の上に、時代社会に生きる人々の現実の上に歩み出てくる時、それは自ずと批判というはたらきをもつのです。批判といいましても、批判を支えていくのは智慧と愛情です。そういう真実の道理、仏法の道理によって成就された智慧と同時に、そういう批判の歩みを支えているといいますか、貫いているものは愛情です。愛情ということは、言い換えれば関わりの深さ、その存在にどこまでも関わる。その存在を、いうならば見放さない。そういう愛情において、批判というものは展開されるのでしょう。批判において切り捨てるのではないのです。切り捨てるのは、これはある意味で、排斥していくだけのことで、何かを排斥する時は、自分自身、排斥している自分自身を固執するということが伴うのでしょう。

そこで、この批判ということですが、これは本願のうえでは、第十八願が第十九願、第二十願として展開していきますが、その第十九願を親鸞聖人は「仮令の誓願」と受けとめておられます。それから第二十願を「果遂の誓い」といわれます。これは普通、三願転入といわれています。その文の後に、結びといってもいいのですが、そこに「果遂の誓い」という言葉があげてあります。

「三願転入の文」と呼ばれている文は、

> ここをもって、愚禿釈の鸞、論主の解義を仰ぎ、宗師の勧化に依って、久しく万行・諸善の仮門を出でて、永く双樹林下の往生を離る、善本・徳本の真門に回入して、ひとえに難思往生の心を発しき。しかるにいま特に方便の真門を出でて、選択の願海に転入せり、速やかに難思往生の心を離れて、難思議往生を遂げんと欲う。果遂の誓い、良に由あるかな。
>
> （「化身土巻」聖典三五六頁）

という文です。

そこには、「双樹林下往生」「難思往生」「難思議往生」と、三往生の名前でその展開が押さえられています。その意味では、三往生転入というべきものなのでしょう。

そして、「仮令の誓願」というのは、その前に、

> 仮令の誓願、良に由あるかな。
>
> （「化身土巻」聖典三四三頁）

と、第十九願の願文の中に出てくる言葉が押さえられてあるのです。

『口伝鈔』に、

されば第十九の願文にも「現其人前者」（大経）のうえに、「仮令不与」と、おかれたり。仮令の二字をば、「たとい」とよむべきなり。「たとい」というは、あらましなり。

（聖典六七五頁）

と、この場合の「あらまし」はあらすじ、概略、あるいは大まかな言い方という意味をもちます。続いて、

非本願たる諸行を修して、往生を係求する行人をも、仏の大慈大悲、御覧じはなたずして、修諸功徳のなかの称名を、よどころとして現じつべくは、その人のまえに現ぜんとなり。不定のあいだ、仮令の二字をおかる。もしさもありぬべくはと、いえるこころなり。

（聖典六七五頁）

といわれています。

「係求する」というのは、願い求めるということです。そして、「よどころとして現じつべくは、その人のまえに現ぜんとなり」というのは、現ずる必然、必要があるならば、その人の前に現れもしようということで、いわゆる臨終現前を指しています。

「不定のあいだ」というのは、決して本義ではないので、どうしても必要とする時に、あえてそういう姿をとると、だから「不定」といわれるのです。そして、「仮令の二字をおかる。

もしさもありぬべくはと、いえるこころなり」というのは、どうしてもそのことが必要であるのならば、そうもしようという、それが「仮令」という心だということです。ですから、この「仮令の誓願」というのは、寄り添うという意味が含まれているのです。

それから「果遂の誓い」のほうは、「果たし遂げずば」ですから、これはどこまでも見放さないということです。そういう心において批判ということが果たされていくのでありまして、もうこれではダメだと見放すというなら、これはもう批判も何もないのです。どこまでもその相手に寄り添いながら、どこまでも見放さずに用きかけていく。そういうことを曽我先生は「宗教的批判」という言い方をなさいました。

高倉学寮の伝統的なとらえ方では、『教行信証』の前五巻、「教巻」「行巻」「信巻」「証巻」「真仏土巻」は顕正の巻とされています。そして「方便化身土巻」は破邪の巻と科文されています。それに対して、曽我先生が「仏教にあってはそういう単なる破邪ということはない」ということを非常に強くおっしゃいまして、「もし単なる破邪というものならば、それはただ自己の正当化の主張に過ぎない」と、自分の正しさを主張するということと区別がないといわれました。ですから、破邪を通して顕正するということがなければならない。正しき正義を顕らかにして、その正義に転じさせる。正義に転入するという言葉を使ってもいいのですが、転じさせるというはたらきがなければ、それは宗教的な破邪とはいえないといわれたのです。

宗教的な破邪の営みは、その邪なるはたらきをしている人に、どこまでも寄り添い見放さず、正義の世界に入れしめるというところに初めてその意味をもってくるのだと、そういうことを押さえてくださっていました。

仏宝と法宝が、時機のうえに用き出ることにおいて、そこに僧宝というものが開かれてくるのですが、僧宝というものは、常に歩み続けるということ、いうならば時代の現実、人間の現実です。時機といいましても、具体的に、生活の現実としてあらわれているのですから、その生活の現実というものが、仏宝と法宝を問い返すということが必ず伴うのです。そういう問い返しを失う時、仏宝と法宝は固定化し、実体化されてくる。仏宝と法宝を常に問い返すことを通して、そこに新しいいのちを開いてくるのが僧宝です。その意味で僧宝というのは、非常に大事な意味をもつのでしょう。そして、そういう僧宝というのは、仏法二宝を信順するものだけの集いではない。仏法二宝をひたすら信順する人々の集いを僧宝というのではないのです。

親鸞聖人は、「後序」において、

信順を因とし疑謗を縁として、信楽を願力に彰し、妙果を安養に顕さんと。

（聖典四〇〇頁）

と、こうおっしゃっているのですが、縁というところに具体化ということが開かれてくる。縁を得て具体化してくるのです。ですからその、疑謗というものを受けとめていくことを通して、仏法の世界というものが、その時機の中に具体化していくということです。この「信順を因とし疑謗を縁として」という言葉を通して、「真実浄土の歴史と云ふものは、いわゆる信順と疑謗との常恒不断の戦いの歴史であった」（『曽我量深選集』第五巻三九四頁）といわれた。これも曽我先生のお言葉です。そのように、浄土真宗というのは、信順と疑謗の常恒不断の戦いの歴史だという言葉で押さえてくださっています。

だいたい七高僧というのは、疑謗の人なのです。問い返していった人です。龍樹菩薩というのは、八宗の祖といわれる。いうならば教学の第一人者であったのですが、その龍樹菩薩が『十住毘婆沙論』において、いつも申しあげることなのですが、肉体の現実というものを、まずいちばん最初にあげておられます。それは、分泌物です。涙とか汗とか血とか膿とか、ともかく汚い分泌物の名前をズラーっと書いておられます。あるいは、身体から出てくる吹き出物とか、そういうものは、いうならば思いをもってしてはどうしてみようもないものです。ある意味では分別の網の目からそれこそ漏れ出るものです。有漏といいますが、私の中に、私の思いをもってしてはいかんともしてみようのない身の事実がある。その身の事実に立って、仏法を問い返されたということです。

ですからそこに、この文章の後に、仏法はこの難度海を度すというが、本当にその身の事実をもって、難度海をわたり得た者がいるのかという、そういう問いから『十住毘婆沙論』が始まっているのです。ある意味で仏教の教理に対して、根源的に身の事実をもって問い返す。そういう中から「易行」というような問題も出されてきているのです。

天親菩薩は浄土の讃嘆門ということとして念仏を明らかにしてくださいました。曇鸞大師はその天親菩薩の『浄土論』の言葉を受けて、そこにやはり、「信巻」にあげてありますが、

　称名憶念あれども、無明なお存して所願を満てざるはいかんとならば、（聖典二一三頁）

と、身の事実をもって問うておられます。『歎異抄』の、

　念仏もうしそうらえども、踊躍歓喜のこころおろそかにそうろうこと、（聖典六二九頁）

という唯円の問いに先立って、曇鸞大師がこういう言葉で、果たして本当に称名念仏というものが、所願を満たしてくれるのかという問いを出しておられるのです。

七高僧というのは、答えを重ねていかれたのではない、それぞれに時代の現実、その人間の生活の事実を通して、教法に問い返していかれたのです。その問い返しの深さが、教法に新しい表現をもたらしてきていたのです。七高僧のそれぞれが、それぞれ独自の表現をもつということです。それはそれぞれが尽くされた問いの深さ、その問いにおいて真理が新たな表現をもつということがおこっているのです。そこに信順と疑謗、疑謗を通して信順があるのです。歩みをもち新しい表現をもつ。仏と法の二宝が、時代社会の現実に深く関わっていくところに、信順と疑謗という戦いの中に、新しい表現を開いていく。それが僧宝というものでしょう。

ですからやはり私たちにあって、今の世にある者として、そこに仏法に対してどういう問いをもち、どういう問い返しを尽くしていくか。そのことだけが、仏法というものに新しい歩みを開いてくるのです。僧宝というのは、信順と疑謗の戦いを通して開かれていく世界をあらわすといっていいかと思います。

『華厳経』の引文の意味

『教行信証』のいちばん最後に『華厳経』の文が引かれています。その前には、『安楽集』の文が引かれています。

> 『安楽集』に云わく、真言を採り集めて、往益を助修せしむ。何となれば、前に生まれん者は後を導き、後に生まれん者は前を訪え、連続無窮にして、願わくは休止せざらしめんと欲す。無辺の生死海を尽くさんがためのゆえなり、と。已上
>
> （「化身土巻」聖典四〇一頁）

この文に続いて、

> しかれば末代の道俗、仰いで信敬すべきなり。知るべし。
>
> （「化身土巻」聖典四〇一頁）

という文で結ばれています。

『教行信証』の最後を締めくくるにふさわしい文章のように思われます。ですから、「しかれ

ば末代の道俗、仰いで信敬すべきなり。知るべし」と、ここで終わった方がずっと自然であり、形としても整っていると思うのです。

ところが、その後に、『華厳経』の文が付け加えられています。それは、

『華厳経』（入法界品）の偈に云うがごとし。もし菩薩、種種の行を修行するを見て、善・不善の心を起こすことありとも、菩薩みな摂取せん、と。已上　（聖典四〇一頁）

という文です。

この引文のされ方を見てみますと、そこに、「『華厳経』の偈に云うがごとし」と、こうあります。親鸞聖人は引文されます場合に、非常に厳密に、経文を引かれる時は、経に「言わく」といわれています。そして菩薩の論を引かれる時には、「曰」という字です。論に「曰わく」といわれます。そして、いわゆる師と呼ばれます方々の釈文を引かれる時には、「云」という字です。そのように、きちんと区別して引かれるのが特徴です。ところが、今、『華厳経』という経典の言葉が引かれるのに、「云」という字が使われていまして、「言」の字ではないのです。その意味では、この引文のされ方は、破格の引かれ方といっていいかと思います。

どうしてかと考えてみますと、実は源信僧都が『往生要集』の中に、この『華厳経』の言葉を、

『華厳経』の偈（唐訳巻七五）に云うがごとし。「若し菩薩の種種の行を修行するを見て善・

不善の心を起こすことありとも、菩薩は皆摂取すと。」（真聖全一、九二四頁）

と引かれているのです。それはどういうところで引かれているかといいますと、『往生要集』の最後のところなのですが、

問う。引くところの正文は、誠に信を生ずべし。ただ、屢々私の詞を加えたるは、いずくんぞ人の論謗を招かざらんや。

答う。正文に非ずといえども、しかも理を失わず。若しなお謬り有らば、いやしくも之を執せざれ。見ん者取捨して正理に順ぜしめよ。若し偏に謗りを生ぜば、また敢えて辞せず。（真聖全一、九二四頁）

このようにいわれています。

『往生要集』には、多くの経文や釈文がいろいろ引文されているのですが、引文する時に、時々自分の言葉を加えている。「私の詞を加えたるは、いずくんぞ人の論謗を招かざらんや」。それは、当然謗りを招くことになるのではないかと。こういう問いがたてられています。そして、それに答えて、「経文の通りでないとしても、その道理は、決して失ってはいないはずだ。けれども、やはりこれは間違っているといわれるならば、決して私は自分の文、表現の仕方に執着はしません」といわれます。そして、「見ん者取捨して正理に順ぜしめよ」と、見る人がそれぞれに取捨して、その正しい道理を身に明らかに受け取って欲しいと。こういう問答を受

けて、「『華厳経』の偈に云うがごとし」と、この言葉があげられているのです。

そして、その『華厳経』の引文の後に、

当に知るべし、謗りを生ぜんもまたこれ結縁なり。我もし道を得ば、願わくは彼を引摂せん。彼もし道を得ば、願わくは、我を引摂せよ。乃至、菩提まで互いに師弟とならん。

（真聖全一、九二四頁）

といわれているのです。

「謗りを生ぜんもまたこれ結縁なり」とあります。謗を生ずるというのも、これまた仏法に対する結縁で、縁を結ぶことになるといわれます。だから、「我もし道を得ば、願わくは彼を引摂せん」と、彼を引き摂するという。そして、「彼もし道を得ば、願わくは、我を引摂せよ」と、私を救ってくれといわれる。そして、「菩提まで互いに師弟とならん」と、そういう願いの言葉があるのです。そのような文章の中に、この『華厳経』の文が置かれているのです。

このような書き方からいえば、『往生要集』の文をそのまま引かれているということで、「『華厳経』の偈に云うがごとし」という言葉も、『往生要集』の源信僧都の言葉です。それをそのまま引かれているのです。

それから、名畑崇(たかし)先生によりますと、私はよくわかりませんが、「坂東本」ですが、真筆本を見ますと、この最後の言葉だけが、その筆の力、勢いというのが違っている。少し上下がはみ出していて、これは明らかに後から書き加えられたものと考えられる、と指摘されています。そこに、やはり親鸞聖人がこの『教行信証』を結ぶにあたって、やはりそれこそ親鸞聖人の言葉がそこに自在に加えられ、また読み方が大きく変えられるというようなことが、常にあるのです。そういう読み換え、書き換えというようなことをされておられるのです。

『十住毘婆沙論』におきましても、そこに仏の名前というのがズラズラ出されてきます。「易行品」を見ましても、あれほど面白くない文章はありませんが、今は活字本になっていますから、わりに頁数が少なくすんでいます。昔の木版刷りの本ですと、繰れども繰れども仏の名前だけがズラズラ出てくるのです。「百七仏章」とか、「十方十仏章」とか、本当にただ名前があげてあるというだけのようなものです。何でこんなに名前をズラズラあげられるのかと、不審に思うほどのことです。

藤元正樹君は、その繰れども繰れども仏の名というそこに、念仏の世界ということがあるのだと、我々の場合は、繰れども繰れども鬼の顔ばかりだと、こういうことをいっておられました。

それを、やはり親鸞聖人は、読み換えをしていかれるのです。それが、

> いま当につぶさに無量寿仏を説くべし。世自在王仏 乃至その余の仏まします、この諸仏世尊、現在十方の清浄世界に、みな名を称し阿弥陀仏の本願を憶念することかくのごとし。

もし人、我を念じ名を称して　（「行巻」聖典一六五～一六六頁）

という文です。

『十住毘婆沙論』「易行品」の文（真聖全一、二五八頁）に、「今当具説 無量寿仏 世自在王仏……」とあるのを、流布本には、「今当に具さに説くべし」と文をここで一度切って、それから「無量寿仏」を含めて百七仏の名を列ねて読まれているのです。ところがそれを、親鸞聖人は「いま当につぶさに無量寿仏を説くべし」と読んでおられるのです。それによって「世自在王仏」以下の百六仏の名のあとに、「この諸仏世尊、現在十方の清浄世界に、みな名を称し阿弥陀仏の本願を憶念することかくのごとし」と、諸仏全てが阿弥陀仏の名を称し、阿弥陀仏の本願を憶念していると、こういう文章に換えてしまわれているのです。それによって、いわゆる「百七仏章」というようなものが、「弥陀章」として押さえられてきます。全体が、阿弥陀の本願に帰していくと、そういうような読み換えがされているのです。

そういうことがありますから、正に謗りを受けるということも当然思われるのです。そこで、源信僧都の、「謗りを生ぜんもまたこれ結縁なり」という言葉が重要になるのです。

「我もし道を得ば、願わくは彼を引摂せん。彼もし道を得ば、願わくは我を引摂せよ」と、そのように仏道に全てを帰していく。自分の説は正しいと、その自分の説に固執するということではなく、その全てをあげて、我・人共に仏道を歩もうという。そういう願いをあらわす言葉として、源信僧都があげておられる『華厳経』の文をそのまま親鸞聖人は『教行信証』に引かれたのです。

これによって、親鸞聖人は『教行信証』を書く姿勢というものが、決して自説に執するということではなく、善・不善ともに仏道に縁を結ぶことを願うものであるということをあらわされているのだと思います。言葉を換えていえば、『教行信証』の全体を、仏法の歴史に委ねるといいますか、仏法の歴史に帰するというような心が、そこには押さえられてあるように思います。

そこに、「信順を因とし疑謗(ぎほう)を縁として」(「後序」聖典四〇〇頁)ということが、具体的に『教行信証』撰述の姿勢として押さえられているといっていいかと思います。

《質問　五》

仏教の言葉を動詞として受けとめるということについて。

《質問に答えて》

「往生」は往生していく歩み

仏教の根本のことは、全部動詞であらわされているということですが、「往生」という言葉については、いわゆる、「死んで後の往生か」、「信心獲得の時の往生か」、親鸞聖人の真意はどちらかというような議論がされることがあります。親鸞聖人のお書きになったものを見ますと、そのどちらも出ているのです。

たとえば、『御消息集（広本）』の第一通には、

> 明法御坊の往生のこと、おどろきもうすべきにはあらねども、かえすがえすうれしうそうろう。鹿島・行方・奥郡、かようの往生ねがわせたまうひとびとの、みなの御よろこびにてそうろう。また、ひらつかの入道殿の御往生とききそうろうこそ、かえすがえす、もうすにかぎりなくおぼえそうらえ。めでたさ、もうしつくすべくもそうらわず。おのおの、いよいよみな、往生は一定とおぼしめすべし。（聖典五六〇頁）

とあります。

この時の「往生」という言葉は、明らかに亡くなったことを指しています。「明法御坊」というのは、板敷山の弁円のことです。弁円が後に親鸞聖人のもとにおいて、仏道に帰します。それに対して与えられた名前が明法坊です。その明法坊が亡くなったということを、「往生のこと、おどろきもうすべきにはあらねども」という、ここまではいいのですが、その後に「かえすがえすうれしうそうろう」と書いてあります。人が亡くなったことを「うれしうそうろう」といわれているのです。さらには、「みなの御よろこびにてそうろう」とまでいわれています。これはいったい、どういうことなのかということです。よほど邪魔にされていたのでしょうか。しかし、そういうことではないと思いますので、これはいったいどういうことだろうと考えてしまいます。

それから、よく取りあげられるのが、『末燈鈔』の、

この身はいまはとしきわまりてそうらえば、さだめてさきだちて往生しそうらわんずれば、浄土にてかならずかならずまちまいらせそうろうべし。（聖典六〇七頁）

という文で、「さきだちて往生しそうらわんずれば」というのは、明らかに亡くなることを示しています。

それから、『恵信尼消息』の三通目には、

昨年の十二月一日の御文、同二十日あまりに、たしかに見候いぬ。何よりも、殿の御往

生、中々、はじめて申すにおよばず候う。
（聖典六一六頁）

と、親鸞聖人の往生のことが書かれています。

この「中々」というのは、「とても、到底」ということですが、「はじめて申すにおよばず候う」とありますが、「はじめて」というのは、今さらにということです。これは、明らかに「殿の御往生」、親鸞聖人が亡くなったということを、娘の覚信尼公が越後の恵信尼公に手紙で伝え、それに対するご返事です。そこに、やはり「殿の御往生」とありますから、亡くなる、死ぬことを「往生」という言葉でいわれているわけです。

ところが、一方では、『末燈鈔』の一通目ですが、

臨終まつことなし、来迎たのむことなし。信心のさだまるとき、往生またさだまるなり。
（聖典六〇〇頁）

と、そこでは、「信心のさだまるとき、往生またさだまる」といわれているのです。ここでは、往生という言葉が死ぬということを意味していません。

それから、もう一か所見ておいていただきますと、『唯信鈔文意』には、

「即得往生」は、信心をうればすなわち往生すという。すなわち往生すというは、不退転に住するをいう。
（聖典五四九～五五〇頁）

と、ここでもはっきりと、信心獲得の時と、「信心をうればすなわち」と、ここでは平仮名で

書いてありますが、この「すなわち」は当然「即」です。つまり、「当体全是」と、その時そのままという時の「即」です。信心獲得のその時、直ちに、そのまま往生を得ると、こういう文になっています。ですから、いったいどちらに親鸞聖人の本意があるのだというようなことがいわれもするのです。

しかし、私はこれはやはり、往生という言葉を名詞的にとらえて、どの時点で往生がいえるのかと、こういうとらえ方をするから解釈に迷うのだと思うのです。その生涯の歩みの中で、どこかの一点において「往生成就」といえるものでしょうか。そうではなくて、往生という言葉はやはり、往生していく歩みです。ですから、その信心獲得の時に往生の歩みが始まる。そして、その往生の歩みを、退転することなく生ききっていく。生ききることが、つまり死です。そこに、この歩みが少しも退転しなかった、正に人間として生きるということが、往生の歩みをもつことであり、そのことが身をもって示されたということです。その意味で「うれしうそうろう」と、同じ願いをもって歩んでいる人にとっては、その事実が大きな支えにもなり、導きにもなる。その意味で、この「みなの御よろこびにてそうろう」と、こういう言葉が置かれてくるのだろうと思います。

これは、どういう時にお聞きしたのか、今記憶にないのですが、安田先生がこういうたとえをおっしゃってくださったことがあります。どこか、よその家に呼ばれていって、そして御馳走を前にずらりと並べてくださいます。そして、「どうぞおあがりください」といわれて「いただきます」と頭をさげる。その時に、御馳走の全部を一挙にいただくのだと。「いただきます」といった時は、前に並べてもらったその御馳走の全てをいただいている。ただ、それを実際にいただいていくのは、一口一口であるのですが、全てをいただいているから一口一口食べていけるのだと。そういうことを、何のことに関わってか、おっしゃったことがありまして、忘れられません。その言葉が今も思い出されるのです。

信心獲得の時に往生を得る。一挙に得るのです。しかし、それは正に、願生浄土の歩みです。曽我量深先生は、往生ということを、本当の喜びの生活という言い方もされていますが、そういう生活を一歩一歩生涯かけて歩んでいく。歩んでいくのは、生涯かけて歩むのです。しかし、その道に立つのは一挙だということでしょう。

歩む喜びをもたらす楽

学生のことで申し訳ないのですが、何年か前に、短期大学ですが仏教科の場合、卒業論文を書いてもらいます。夏休み前に、その論文の題目を発表してもらいます。そして、どういう意味でこの題を選んだのか、そして今、どういうように勉強をしているのかというようなことを聞き、教員がアドバイスして、夏休み中に勉強してもらう。

ある時に、バイクを乗り回して、めったに教室には顔を見せなかった学生が、その論題に「往生極楽」と書いていましてびっくりしました。凄いなと思って、

「君、往生極楽というのを今どういうように思っていますか」

と聞いたら、

「往きて生まれて、楽を極められるからです」

と答えたので、感心しました。「はあー」といいました。そして、

「それなら、今、君にとって楽とはどういうこと？」

とさらに聞くと、

「それは、下宿に帰ってゴロゴロすることです」

と。そうだと思います。九十分も教室に釘付けにされて、訳のわからない話を聞かされるよりは、そういう時には、本当に早く下宿に帰ってゴロゴロしてと思うのでしょう。ですから、下宿に帰ってゴロゴロする、これほど楽なことはないというのです。ですから、また、

「そうか、それなら、下宿で一日ゴロゴロできたら、ああ今日はよう生きたと思うわけ？」

と、こう聞きましたら、

「そんなことは思いません」

というので、

「それはおかしいのではないか。自分のしたいことをして、何で生き生きしてこないのか。本当は、自分のしたいこと、自分にとって楽なことをすれば、それだけ生き生きしてきて当然ではないのか。それが、生き生きしてこないというのは、これは、今、こういう状況で願い求めていることと、いうならば、君のいのちそのものが求めていることとは違うのではないのか。そこに、極楽、楽を極めるとこういったけれども、その楽はどういう楽なのか?」
と、こういうことをいったことがあります。

これは、曇鸞大師がきちんとその楽を極めてくださっています。

> 楽に三種あり。一には外楽、謂わく五識所生の楽なり。二には内楽、謂わく初禅・二禅・三禅の意識所生の楽なり。三には法楽楽、謂わく智慧所生の楽なり。この智慧所生の楽は、仏の功徳を愛するより起これり。
>
> （「証巻」聖典二九五頁）

最初の外楽は、「五識所生の楽」で、眼・耳・鼻・舌・身の五つの感覚的な満足です。それを外楽というのは、外から与えられるからで、いうならば刺激でもたらされる楽しみだからです。グルメだとか、美しい景色だとか、かぐわしい香りだとか、そういうものによってもたらされる楽しみです。しかし、これはその時その時ですし、人それぞれです。

続いて、「二には内楽、謂わく初禅・二禅・三禅の意識所生の楽なり」とあります。内楽ですから、内面的な満足感ということになります。そこに、「初禅・二禅・三禅」と段階がおかれているように、いわゆる向上の喜びです。何かの歩みにおいて、自分が次第に向上していく、そのことに精神的な喜びを感じる。そういうものが内楽と押さえられています。しかし、その内楽は、優劣を争うことにもなりますし、自他の競争を生みますから、共にという世界は開いてこない。その限り満足する時もあれば、コンプレックスに悩む時も出てくるということが押さえられます。

それに対して、「三には法楽楽、謂わく智慧所生の楽なり。この智慧所生の楽は、仏の功徳を愛するより起これり」とあります。ここに、「愛するより起これり」という、非常に独特の表現で、つまり「智慧所生の楽は、仏の功徳を愛する」、そういう心を開くのです。しかも、その仏の功徳を愛し、歩む喜びをもたらすのです。その道を歩むことが、いよいよ限りなく歩ませる。いうならば、聞法ということです。聞法することにおいて、いよいよ聞かずにいられなくなるという、そういうものをもたらすものとして「法楽楽」が押さえられています。

その意味で、「往きて生まれて楽を極める（往生極楽）」という言葉で、あらためて気づかされることになりました。そういうその往生ということも、限りなく往生していくのであって、その往生の歩みを私の上に開いてくださったのが信心獲得であり、その開かれた歩みを生涯かけて歩み続ける。そして、その歩みにおいて生涯を生ききるのです。その生ききるというところに、深い喜びが感じられる。そういう意味がそこに思われます。

ですから「死んで後の往生か」、「信心獲得の時の往生か」、どちらが本当なのかということではないのだろうというように思われます。そういうように私たちは言葉を、どうしても対象的にとらえてしまい、名詞的に握りしめてしまうということがあるのです。仏教がずっと説かれてあります、その言葉には、そういう対象的なとらえ方を限りなく破って、生きる事実として伝えようとする、そういう願いがそこには込められているように思います。

二、仏教は諸仏の世界

一、浄土の教えとしての「一乗」

昨年に引き続いて「『教行信証』に聞く」という大きなテーマをいただいておりまして、それを掘り下げながらお話するということはとてもできかねますが、今私が感じております問題を中心にお聞きいただければと思っております。

法然上人の『選択集』が公にされまして、それによって聖道の立場の人々から、非常に厳しい批判・批難が起こりました。そして、『選択集』の破却、版木の焼却、さらには法然上人の墓を暴く（あば）というような、法然上人を徹底して歴史から抹殺するというようなことが起こりました。これが嘉禄の法難といわれるもので、親鸞聖人が五五歳の時（一二二七年）の出来事です。

親鸞聖人は、三九歳の時（一二一一年）に流罪を赦（ゆる）されました。そして、京都には帰られずに関東に移住され、その関東で多くの念仏者の仲間、御同朋が集うようになりました。ところが、その人々を関東に残して、親鸞聖人は一人で京都に帰られます。その理由については、いろいろな説が立てられていますが、私は、法然上人への批判・批難に対して、上人に教えを受けた者として応えるという、そういう願いというものが親鸞聖人を促したのでないかと思っています。

『教行信証』がいつから書き始められたか、これははっきりとはわかりません。しかしそれを今残されているような形で、一つのまとまった形にまでして、真宗の教相を明らかにするということをあらためて思い立たれたといいますか、決意された。そこには嘉禄の法難を機縁として、法然上人が明らかにされた浄土の教えとはどういう教えなのかということを明確にするという使命を、担われたのでないかと思っているわけです。

『教行信証』は、あらためていうまでもなく、

謹んで浄土真宗を案ずるに、（謹案浄土真宗）（「教巻」聖典一五二頁）

ということから始まっています。そして、

顕浄土真実教行証文類序（「総序」聖典一四九頁）

と題されていることからもわかるように、浄土の教・行・信・証というものを明らかにするというところに、撰述の意図があるわけです。

その浄土真宗というものを明らかにするということを通して、この時代社会を生きる人々のうえにどういう道を明らかにしていこうとされたのか。そのことをあらためて思いますと、私は「一乗」という問題が思われるわけです。

「行巻」において、真実の行を明らかにされた結びに、

> 明らかに知りぬ、これ凡聖自力の行にあらず。かるがゆえに不回向の行と名づくるなり。大小の聖人・重軽の悪人、みな同じく斉しく選択の大宝海に帰して、念仏成仏すべし。
> （聖典一八九頁）

といわれています。ここで、「みな同じく斉しく（皆・同・斉）」と、いかなる者も皆同じ一つの道において、斉しく歩み、出遇っていく道を開くと、そういう皆・同・斉という言葉が置かれています。いかなる者も皆同じく斉しく歩んでいける道が、そこに明らかにならなければ、結局人間のあらゆる問題が、ただ流されていくといいますか、いろいろなことが次から次と起こるわけですが、その事柄に関わるばかりで、その立つべき道というものが、依るべき道というものが定まらない。そこに一乗、同一、一つなる道、その道においてすべてのものが、皆同じく斉しく出遇える。そしてその道を、皆同じく斉しく歩める。そういう道が開かれなければ、結局人間が人間として歩むということができないのでないか。そういう皆・同・斉ということ

が明らかにされているのです。

二、存在の大きさは出遇ったものの大きさ

「三心一心問答」というのが、「信巻」においては大きな意味をもつわけです。「至心」「信楽」「欲生」という、その本願の三つの心と、そしてそれに対する天親菩薩の「世尊我一心」という、その一心。その本願の三心と、その本願に出遇い本願によって歩む、天親菩薩の一心というものと、それがどういう関わりを開いているのか。その問答の結釈、結びの言葉です。

おおよそ大信海を案ずれば、貴賤・緇素を簡ばず、男女・老少を謂わず、造罪の多少を問わず、修行の久近を論ぜず、行にあらず・善にあらず、頓にあらず・漸にあらず、定にあらず・散にあらず、正観にあらず・邪観にあらず、有念にあらず・無念にあらず、尋常にあらず・臨終にあらず、多念にあらず・一念にあらず、ただこれ不可思議・不可説・不可称の信楽なり。（聖典二三六頁）

こういう言葉が、「三心一心問答」の結釈としておかれています。それから、緇素、緇は黒という言貴賤というのは、当時も根強くあった身分的な差別です。

葉で、そして素は白ですね。黒と白という色をもって、出家・在家があらわされているわけです。それを「緇素を簡ばず」ということで、出家・在家の別を問題としない。それから男女・老少、そして造罪の多少、修行の久近と、いうならば過去の経験ですね。その過去の経験というものを一切問わない。これは人間の存在を決定するものが過去であるならば、差別を超えることはできないのでしょう。そこにいろいろな歩みの異なりがあるわけですから。そうではなくて、人間の存在を決定するものは、いいますならば未来。未来というのは、向こうからのはたらきかけということにおける未来ですね。過去・現在・未来と続いていく時の流れの未来ではなくて、向こうからのはたらきかけ。何に出遇っていくのか。いかなる教えに出遇い、いかなる世界に出遇っていくのか。その出遇いが存在を決定していくということです。

いつも紹介することですが、曇鸞大師が、浄土の性功徳を明らかにされますとき、「迦羅求羅虫（からくらちゅう）」という譬えを出されています。本来性を決定するものとして、そこに「迦羅求羅虫」という譬えを出される。

迦羅求羅虫のその形微小なれども、もし大風を得れば身大山のごとし、風の大小に随って己れが身相をなすがごとし。

（真聖全一、三一九頁）

というものです。

その虫は「その形微小」とありますから、いるかいないか見分けがつかないほどの小さな虫です。虫自体の大きさは、そのように微小なのですが、大きな風にあえば大きな山のごとき身になる。小さな風にしかあわないと、その身は小さな山にしかならないと、こういう譬えが出されています。

つまり存在の大きさは、出遇ったものの大きさによるということですね。人間の大きさということも、そういうことなのでしょう。もって生まれた才能とか、それまでたどってきた学歴とか、そういうものではない。どういう存在に出遇い、どういう世界、どういう歴史に出遇っているか。その出遇い得たものの大きさによるのですね。その出遇い得たものの大きさが、その存在を決めてくると、そういう言葉があらためて思われます。

ここでは、一切の過去の経験というようなもの、そういうものによって存在が決定されるのではない。それはやはり、平等・一乗ということです。ともに一つになる、一つに出遇う道としての大信ということが押さえられている。大行も大信も、そこに親鸞聖人がずっと出遇われ、身にうなずいてこられた、そういう仏道の歴史、それが引文としてずっとあげられているわけです。そういうものがどういう世界を開いたのか、そのことがここに押さえられているかと思います。

三、不回向の行

特に皆・同・斉と「行巻」に書かれていることを通して「一乗」という問題を取り上げましたが、その言葉に先立って、

明らかに知りぬ、これ凡聖自力の行にあらず。かるがゆえに不回向の行と名づくるなり。大小の聖人・重軽の悪人、みな同じく斉しく選択の大宝海に帰して、念仏成仏すべし。（聖典一八九頁）

と、そこに、「凡聖自力の行にあらず。かるがゆえに不回向の行と名づくるなり」と、「自力の行にあらず」ということと、「不回向の行」であるということが説かれています。この二つにおいて、皆・同・斉という世界を開いてくる、具体的な道というものが示されてあるといっていいかと思います。「不回向の行」という、この言葉はある意味で、それまでの仏道を根本からひっくり返す言葉です。いわゆる仏道と、それまで押さえられてきたものは、いかに善根を積み、そして積んだ善根をいかに回向していくか。その回向するというところに、功徳ということをみてきたわけです。そこに回向し得る善根、その違いによって到達する世界もまた異な

る、そういうことが立てられてきていたわけです。

それを根本から仏道というものを「不回向の行」と、そう押さえられている。我々が善根を積んで、つまり自力の行によって善根を積んで、そして積んだ善根を回向していくと、そういうところに仏道が開かれてくるのではない。そういう仏道ならば、それは結局いかに教理として大乗といい一乗といっていても、現実の在り方は、それこそそれぞれに異なった道にしかなっていかない。そういうことが、そこには押さえられているかと思います。

ですから、行という言葉の意味が、大きく変えられてくるわけですね。一般仏教にあっては、どこまでもその行は、回向の行です。教・信・行・証ですね。信というのは、どこまでも、その教えを教えとして尊ぶ心、我もまたこの道を歩もうと、心を定めることが信です。問題はその尊ぶことと、尊んだ教えに従ってどこまで実践していくか。それが行ですね。その行の内容は、具体的には個人の積善ですし、その積んだ善根を仏に、あるいは真理そのもの、あるいは人々に回向していく。そういう回向していくところに、仏道としての意味をもつのだと、こういうことが説かれていたわけです。

それを親鸞聖人は、ひっくり返されて教・行・信・証と、こう変えられた。そのときには、この行は教のはたらきになるのです。つまり行というのは法が流布(るふ)していく、伝わっていく、法の流布行。法が流布していく歩み、つまり法の歩みをあらわすわけです。だからこそ大行です。個人の行ではない。大というときは、個人性を超えているということを意味するわけです。そこに法そのものの流布行として、行ということが押さえられる。そしてその法の流布というものは、どこまでも、それぞれの時代、それぞれの社会の中にあって、問いをもち、求めて歩んだ人々、そういう人々のうえに流布していくわけです。

法の流布ということを語るものが、伝統あるいは伝承です。七祖の歴史がそのままあげられます。しかもそれは、七祖だけではないわけで、そこには七祖以外の方の文もあげられています。

四、仏教は諸仏の世界

仏教の非常に大事な課題となっているのは、諸仏性ということです。仏教は、諸仏の世界だということです。一仏では決してない。念仏もうすということは、もちろん阿弥陀の名を称することです。称名といえば、阿弥陀の名を称することだと思うわけですが、念仏ということを最初にいわれた龍樹菩薩にありましては、念仏はまず諸仏の念仏でした。諸仏の名を念ずる。

その諸仏の念仏の歴史の中から、阿弥陀の名を称するということが出てきたのです。諸仏の念仏の歴史を背景として、そこから阿弥陀の名を称するということが選び取られてくるのです。だからこそ、阿弥陀の名を称するということは、同時に第十七願においては諸仏が咨嗟して褒め称えるという、「諸仏咨嗟」ということが誓われるのです。

「行巻」のはじめには、真実の行をあらわす願として、第十七願を「諸仏称名の願」としてあげられ、

『大経』に言わく、設い我仏を得たらんに、十方世界の無量の諸仏、ことごとく咨嗟して我が名を称せずは、正覚を取らじ、と。已上　（聖典一五七頁）

と、こういうことが誓われるわけです。諸仏の称揚、信を勧めるということです。

諸仏ということでは、善導大師の言葉がいちばん諸仏ということを表現しています。『往生礼讃』の文です。そこに、

諸仏の所証は平等にしてこれ一なれども、もし願行をもって来し取るに、因縁なきにあらず。　（「行巻」聖典一七四頁）

とあります。つまり、仏のさとっているところは平等で、諸仏に異なりはない。ただその「諸」というのは、「願行をもって来し取るに、因縁なきにあらず」ということで、諸仏それぞ

れにその因縁は異なる。しかし、生きている世界は同じだということです。

因縁の各別ということについては、親鸞聖人のいわれた「偏頗（へんぱ）」という言葉を思います。

親鸞（しんらん）も偏頗（へんぱ）あるものとききそうらえば、（『御消息集（広本）』聖典五七五頁）

このように、お手紙に書いておられます。それぞれ業をもって生きる、その業をもって生きているものには偏り（かたよ）があるということです。

このことは充分にできるけれど、違うことではまったく力を出せないというように、一人ひとり異なりがあり、それがそのまま、人に仏法を伝える歩みにおいても偏りをもつということがあるのです。

たとえば実践的な人とか、論理的な人とかですね、人間にはそれぞれの偏りがあります。やはり実践的な人は、その身を通して、そういう実践的な人々に伝えていくということはできるのでしょう。ところが、きちっと論理を追求せずにはおれない、そういう人に対しては力をもたない。諸仏はそれぞれ、自らの応え得る人々においてはたらくわけですけれど、反面せっかく尋ねてくれても応えられない、そういう限界をもっているわけです。そこに『六要鈔』にいわれる「痛惜（つうしゃく）」（真聖全二、二三二頁）ということがあるのでしょう。痛むのです。せっかく尋ねてくれている、求めてきてくれている、その人に対して応えられないという悲しみがあるのです。その悲しみにおいて、阿弥陀の名を称する。そういうことが、「咨嗟して我が名を称せずは」といわれる。

咨嗟というのは、単純に褒め称えるという意味だけで押さえられていることが多いのですけれど、しかし「咨嗟」には「痛惜」という意味があり、『六要鈔』にはそのことをわざわざ説かれているのです。結局は、すべての人々を平等にという願い、その願いにおいて諸仏もまた阿弥陀の名を称するということが、そこに開かれているのでしょう。

しかも同時に、「設我得仏　十方世界　無量諸仏」ですね。「ことごとく咨嗟して」という、「我が名を称せずは」という、「不悉咨嗟　称我名者」。これは「ことごとく咨嗟して我が名を称せずは」と、これが普通の読み方ですね。曽我量深先生は、この咨嗟を後に読むという読み方があるといわれました。つまり「ことごとく我が名を称する者を咨嗟せずば」と、こういう読み方ですね。咨嗟という言葉を後にもっていく。そうしますとこれは、念仏者を讃嘆するという言葉になりますね。

第十七願というものは、ただ仏の世界ではない、念仏者を讃嘆称揚するという、そこに本当の大行性ということがあるのです。第十七願が、諸仏と阿弥陀だけの世界であるならば、そこでは一般の人々というものはどう受けとめられていくのかですね。そういう点で、曽我先生がこういう読み方を教えてくださったことは非常に大きな意味をもってくるかと思うのです。

五、「悦服」の道

話を戻しまして、行というのは流布行、法を流布していく。すべての人々のうえに流布していく法の歩みです。決して我々個人の実践、善根を積むというような営みではないわけです。「信受」という言葉がありますが、信というのは法の流布を身に聞き取るということですね。その聞き取るという心も、これまたそういう呼びかけによって呼び覚まされた心ですね。この流布行ということを親鸞聖人は呼びかけと、具体的には「仰せ」という言葉で押さえられています。それが「帰命釈」です。

「帰命釈」において親鸞聖人は、ある意味で非常に強引なことをなさっています。

> しかれば、「南無」の言は帰命なり。「帰」の言は、至なり。また帰説なり、説の字、悦の音、また帰説なり、説の字は、税の音、悦税二つの音は告ぐるなり、述なり、人の意を宣述るなり。「命」の言は、業なり、招引なり、使なり、教なり、道なり、信なり、計なり、召なり。ここをもって、「帰命」は本願招喚の勅命なり。
>
> （「行巻」聖典一七七頁）

とこう押さえられます。

「ここをもって、帰命は本願招喚の勅命なり」とこう押さえられますが、「帰命」という言葉から「勅命」という言葉はちょっと出てくるものではありませんね。「帰命」というのは、一般にはやはり教命に帰順するということでしょう。いろいろな言い方がありますが、命の根源に還帰するという言い方もあります。教命に帰順するのはなぜかといったら、それこそがいのちの本来、いのちの根源に帰る道だからということです。還帰ですね。その帰順する在り方というものが、身命を帰投する。自分の命をその教えに投げ出していくという、だいたいこの三つの意味で「帰命」という言葉は古来説かれていました。

西山派とか鎮西派とか、そういう各派はだいたいこの帰順と還帰と帰投の三つの解釈に収まるわけです。そのなかで特にこの意味を強く主張するとかですね、そういう異なりはあるわけですが、「帰命」という言葉が「勅命」という言葉に結びついてくるなどということは、ちょっと考えられないことです。それをわざわざ「帰説（きえつ）・帰説（きさい）」という、そういう説くという字を通して悦税（えっさい）の義というものを開いてこられて、そしてそこに「本願招喚の勅命」、「勅命」というのは拒みようのない命令ということですね。拒みようがないということは、つまりその仰せとして聞いた言葉こそが私の願っていたことだという、そういう時にはじめて拒み得ないといいますか、仏教では「悦服」という言葉が使われますね。喜びをもってそれに帰していく、服する。

「勅命」という言葉使いは、何かちょっと抵抗もありまして、悦服どころか人を屈服させる、こういうニュアンスが先にくるわけです。いったいその当時、「勅命」というのはどういう形で使われたか、私にはわかりませんが、親鸞聖人は、悦服という意義をそこに見いだしておられるのでしょう。それこそが自らが求めていたもの、願っていたものだということですね。

人間は相変わらず、屈服させることばかり一生懸命になっております。屈服で平和がくると思っているのですね。しかし屈服させられたものが、怨念を抱くのは当然でありまして、屈服によって心が開かれるということはないのでしょう。

それならば、本当に人間が悦服する道はどこにあるのでしょう。すべての人間がその一点においては悦服する。国を超え民族を超え、宗教を超えて悦服できる、そういう一点があるという、そういうことを本当に我々は尋ねていかなければならないのです。衣を着ている者として、つまり教えを聞き、教えを語る者として、担うべき大きな課題は、どこで人間は悦服していけるかということを明らかにしていくことなのです。

そのことを、本当に尋ねていかなくてはならない。少なくとも、一乗というようなことは、そういう悦服の道なのでしょう。すべての人間が、その一点において服していく。そういう道を、親鸞聖人は尋ねられた。そういうことが、ここに押さえられているのではないかと思います。そこに称名ということが、諸仏の称名、そしてまた念仏者を諸仏が称揚讃嘆するという、咨嗟するという世界として、親鸞聖人は押さえておられる。そのことが思われるわけです。

六、教えは仰せとしてはたらく

ですから流布というのは、私に対しての仰せですね。仰せとしての言葉は、いろいろなところに出ています。『尊号真像銘文』の一番最初に、第十八願の文があげられています。そして、そこに「唯除の文」が押さえられています。

> 「唯除五逆(ゆいじょごぎゃく)　誹謗正法(ひほうしょうぼう)」というは、唯除というは、ただのぞくということばなり。五逆のつみびとをきらい、誹謗のおもきとがをしらせんとなり。このふたつのつみのおもきことをしめして、十方一切の衆生みなもれず往生すべし、としらせんとなり。（聖典五一三頁）

このようにいわれています。

つまり、唯除というのは、ただ除くということ、五逆と誹謗正法のものは除外するということのように、私たちは思うわけです。けれども、親鸞聖人は、除くという心ではない、言葉なのだといわれています。除くという言葉であると。その言葉とは、知らせんとする呼びかけですね。その言葉によって「しらせんとなり」と。

善導大師が、「抑止（おくし）」（「信巻」聖典二七六頁）とおっしゃったのも同じといえば同じ意味です。つまりおこさないように、おこしたら除くぞといって、おこそうとする心を抑えると。おこさせないために、誓われてあるのだという言い方ですね。

それに対して、親鸞聖人はそういう言葉、そしてそれはどこまでも「しらせんとなり」という、非常に具体的な言葉として押さえておられます。どこまでも仰せとして、その教えの流布は仰せとしてはたらいていく。そこに仰せを仰せとして聞くという、そこに信ということがある。

仰せは聞いたところにあるわけですから、聞く人がなければ仰せといいましても意味がないですね。空しく消えていくだけです。仰せは、いうならば聞いた人のうえにあることです。ですから、仰せとしての法の歩みは、聞いた人の信を離れてはないわけです。それが、真宗の基本の一つの教学的な言葉である「行信不離」という言葉になってあらわされています。行と信は離れないという、行信不離ということがいわれもするわけです。信を離れて仰せはない。もちろん、仰せを離れて聞くということはないということです。

親鸞聖人は、仏道を「行信」という言葉でずっと掲げておられるわけです。これは「総序」の文におきましても、

専らこの行に奉え、ただこの信を崇めよ。　（聖典一四九頁）

と、こう押さえてありますが、最後の行には、

たまたま行信を獲ば、遠く宿縁を慶べ。　（聖典一四九頁）

と、「行信」という言葉があげられています。これはずっと拾っていきますと、あちこちに記されています。それをあげてみますと、

しかれば真実の行信を獲れば、心に歓喜多きがゆえに、　（「行巻」聖典一九〇頁）

この行信に帰命すれば摂取して捨てたまわず。　（「行巻」聖典一九〇頁）

おおよそ往相回向の行信について、行にすなわち一念あり、また信に一念あり。　（「行巻」聖典一九一頁）

このように、ずっと行信、行信といわれています。

ただ、「信巻」の「真仏弟子釈」のところには、

「弟子」とは釈迦・諸仏の弟子なり、金剛心の行人なり。この信・行に由って、必ず大涅

槃を超証すべきがゆえに、「真仏弟子」と曰う。（聖典二四五頁）

と、ここで「信・行」という次第でいわれています。「信・行」という言い方は、『教行信証』ではここ一か所だけだと思います。

なぜこういう言い方をわざわざされたのか、そこに一つ思われますことは、「真仏弟子釈」ですね。つまり法の歩み、法の展開ということについては行信です。どこまでも行信と。しかし、私たちが法に出遇っていく次第は、やはり信を通して行にということになる。つまり、信を通して仏法の歴史、仏法の世界に出遇っていくわけです。それは大行の世界、大行の歴史です。そういうものに出遇っていくのは信、その信の一点において開かれていくのが行です。我々がその大行に生きる、出遇う、その次第を押さえれば、やはり信・行ということになるのでしょう。行信という言い方が、信・行という言い方で「真仏弟子釈」だけに出てくるというところで、私はそのように受け取っています。

いずれにしましても、そういう行とか信ということは、徹底してその個人性を破る歩みとして押さえられていくわけです。行ということについて、大行といわれるのと同じように、信ということにつきまして、親鸞聖人はほとんど信心という言葉は使われません。大信といわれ、あるいはきよらかな信、浄信。そして一番多いのは行信ですね。行信という時には、文字通り如来の心、こう示されているわけです。こういう言葉使いのなかに、親鸞聖人の生きられた世界というものが示されてあるように思うわけです。

七、無限の歩みとしての成就

大行ということは、法の流布行ということです。その流布していくということですが、これは『浄土論註』に「巧方便」という、「巧みなる方便」ということが取り上げられていまして、そのことの譬えとして出されている文章があります。その文章が、私にはいつも思い合わされることです。

おおよそ回向の名義を釈せば、謂わく己が所集の一切の功徳をもって、一切衆生に施与して、共に仏道に向かえしめたまうなりと。巧方便は、謂わく菩薩願ずらく、「己が智慧の火をもって、一切衆生の煩悩の草木を焼かんと。もし一衆生として成仏せざることあらば、我仏に作らじ」と。しかるに衆生未だことごとく成仏せざるに、菩薩すでに自ら成仏せんは、譬えば火擿（聴念の反）して、一切の草木を擿（聴歴の反）んで、焼きて尽くさしめんと欲するに、草木未だ尽きざるに、火擿すでに尽きんがごとし。その身を後にして、身を先にするをもってのゆえに、方便（ほうべん）と名づく。この中に方便と言うは、謂（い）わく作（さ）願（がん）して一切衆生（しゅじょう）を摂取して、共に同じくかの安楽仏国（あんらくぶっこく）に生ぜしむ。かの仏国は、すなわちこれ畢竟成仏（ひっきょうじょうぶつ）の道路、無上の方便（ほうべん）なり。

（「証巻」聖典二九三頁）

と、こういう言葉が引かれています。

そこにかの仏国は、浄土は「畢竟成仏の道路」であると、「道路」という言葉であげられていることも、注意を引くわけです。今は、「火擿の譬え」で、非常に面白い譬えだと思います。「菩薩願ずらく」とありまして、「己が智慧の火をもって、一切衆生の煩悩の草木を焼かんと。もし一衆生として成仏せざることあらば、我仏に作らじ」と。この言葉は、そのまま曇鸞大師が第十八願の文を聞き取られた言葉だといってもよいかと思います。

そこに一切の衆生を、簡単にいえば、「成仏せしめないならば」と誓われている。ところが、「衆生未だことごとく成仏せざるに」と。私はまだ救われていないと。これは、曇鸞大師ご自身をそのように押さえられているのでしょう。「すべての人を救わずんば、仏に成らじ」と誓われた、その方が、私がまだ残っているのに、さっさと「菩薩すでに自ら成仏せんは」と、菩薩は成仏してしまわれている。これはいったいどういうことなのかという、そういう本願に対する身をあげての問いということがいえるかと思います。

それに答えて、そこに「火摘」という言葉が出ています。「摘」は下に「草木を摘んで」とあるように、「摘む」という意味の言葉です。要するに、この場合は木の火箸を指している。木の火箸で一生懸命、煩悩の草木を焼くと、そのことにひたすらであった。そのために自分自身が、燃え出していることに気がつかない、結局草木よりも先に肝心の火箸の方が燃え尽きた。そういう「草木未だ尽きざるに、火摘すでに尽きんがごとし」と。ちょうどそういうようなものだと、こういう言い方ですね。つまり本願成就という言葉に言い換えてもよいかと思います。

本願が成就したということはどういうことなのか。本願は成就していると、こういうけれども、私は残っているではないか。それなのに、成就していると、こういわれる。そのことの意味をここで明らかにしようとされているのです。

ところで、「火摘すでに尽きんがごとし。その身を後にして、身を先にするをもってのゆえに」とありますが、その後ろの言葉「その身を後にして、身を先にするをもってのゆえに」という言葉は、老子の言葉をもとにしているのです。もとの言葉は、「ここをもって聖人は、その身を後にして而も身は先んじ、その身を外にして而も身は存す。（聖人、後其身而身先外其身而身存）」（『老子』第七章）と、こういう文章です。この意味は、聖人の徳を讃える文章で、聖人が非常に長生きするが、それは無私だからだと。無私の心に生きているから、聖人は長寿、長命である。そのことを踏まえて、「ここをもって聖人は、その身を後にして而も身は先んじ」と、それに併せて、「その身を外にして而も身は存す」といわれるので、自分の身のことは、すべてこれは後回しにする。自分の身の保全・保身ということは、全く考えないで、その願いにひたすらになる。その結果、身が先に燃え尽きる。「身は先んじ」ですね。「身を先にする」ではなくて、結果として「身が先になった」ということで「身は先んじ」という。もし「身を先にする」だと、やっぱり「先身」になりましょう。「その身を後にして、身を先にす」と、こうなるでしょうけれども、「身は先んず」ということですから、「身先」ですね。ですから、ここはやっぱり「身は先んず」と読むほかないだろうと思います。「その身を外にして」ということは、「配慮の外に置く」「計算の外に置く」ということです。そのことによって、しかも逆にその身が長く存す、伝えられていく、存すると。こういう文章を曇鸞大師が引かれてきているわけです。

そこでいったいどういうことを、この老子の言葉を通していおうとされているのか。つまりその身自身がその願いに燃えるということがなかったら、願いが伝わっていくということはないのでしょう。自分のことなどはまったく配慮されずに、ひたすらその願いというものを生きる。このこともよくわかりませんで、どういうことかなということがいつも頭にありました。

そのような中で、たまたま、まだ高校生だった私の娘が、友だちを寺に連れてきまして、まあ聞いてますと好き勝手なことを話しているわけですね。その中には当然、先生批判が入っているわけです。当たるを幸いという感じで、先生方を全部吊し上げているのですけれども、そのときに「あの先生は自分のことばっかり考えて」と文句をいう。「あんな先生は絶対信用できん」という言い方をするわけですね。逆に、「この先生は、自分のことは全然思わずに、私たちのことを思って一生懸命言うてくれている。この先生は信用できる」と。

こういう言い方をしていまして、なんかまったく突拍子もないことのようですけれども、そういうこともあるなということを感じました。私たちが、一人の人間を通して願いに触れると、願いに感動する。その人を貫いている願いというものに感動する。その願いが、その人自身において本当に生きられているということがあってのことでありますね。そのことが「その身を後にして、身を先にする」という、この言葉の意味することなのでしょう。

また、曇鸞大師は、成就ということについて、願が成就するということは、願がその力となるということだと押さえられるわけです。私たちは、願が成就するということを、願ったことが願いの通りに実現したことが願の成就であると思います。

そういう意味では、成就ということは、実は願が消えることでもあるわけですね。私たちは、生活の中でいろいろな願いをもつ。そして、その願いが成就したときには、もうその願いを願う必要はないわけですから、満足とともに消えるわけです。本願成就ということは、本願が消えることではないはずですね。本願がすでに成就しているということは、もう本願が消えているのかというと、そういうことではない。そうではなくて、願がまさにその身を通して伝わっていく力となった、願が歩み出すということなのでありましょう。

そのことを曇鸞大師は、『教行信証』「行巻」と「真仏土巻」に、

願もって力を成ず、力もって願に就く。願、徒然ならず、力、虚設ならず。力・願相符うて畢竟じて差わず。かるがゆえに成就と曰う。（聖典一九九頁、三一六頁）

とありまして、そこに成就というのは願が力となって歩み、しかも、その歩みにおいて、いよいよ願が明らかに伝えられていく。そういう、いうならば無限の歩みとなることであるとされています。そういう、無限の歩みとなってはたらくことを成就といわれるわけです。そこにいわれています「火擿の譬え」ということが、まさにそういうすがたを語って押さえられているということを感ずるわけです。

八、真の生命は波及する

安田理深先生がお亡くなりになった時は、福井のほうでお話しをなさって、お帰りになって倒れられて、そのままお亡くなりになったわけです。驚いて馳せ集まった教えをいただいていた私たち、当時若い者が、葬儀の準備をするということで、安田先生の奥様には、それまで先生が書斎に使っておられたお部屋に休んでいただき、そして準備をしていました。そして夜、お通夜が勤まったのですけれども、そのときに奥様がこういうことをおっしゃいました。

「部屋で休ませてもらっている間に、私ももうこれで死のうかなと思いました」

と。確かもうそのころで九十歳を出ておられましたですかね。

「だけどそのときに、ふっと思い浮かんだのが、主人の体でした。ここまで人間、痩せられるものかと思うほど、本当に骨と皮だけになっておりました。ここまで主人は一つの願いに命を燃やし尽くして亡くなった。その姿、そのことを思うと、私もまだ死ねないなと思い返しました。私も少しでも主人が生きたその願いを生きてですね、また人にもお伝えしていきたいと思っています」

ということを、お通夜のときお話しなさいました。

そのときにお聞きしていまして、この「火摘の譬え」が私の胸に蘇ったわけです。まさに、そういう一つの願いに燃え尽きた、あるいは燃え切った、そういう人の姿を通して願いは伝わっていく。金子大榮先生のお言葉であったかと思うのですが、確か先生の書物で読ませてもらったように思うのですが、「真の生命は波及する」と、そういう言葉も心に浮かんだことでした。本当に人間としていのちを、身に受けたいのちを生き切った人の姿は、必ず周りの人々のいのちに伝わっていくものだと。そういう「真の生命は波及する」という、そういう言葉でありました。

流布行というのは、実はそういう姿でありましょう。法が流布するというのは、ただすうっと伝わっていくものではありません。ここの「火摘の譬え」も、見ていただきましたように、曇鸞大師は「全ての人間を救うといっているけれども、まだ私は救われていない」という、そういう問い返しをされているのです。自分の存在をあげて、法を問い返す。その問いを尽くして、この法というものを新たに受けとめていかれた。そういう姿において伝わるのですね。

いつもいいますように、七高僧は、決して答えを出した人ではない。深い問いを問われた人です。そういう問いを尽くして、その問いの深さが、法に新しい表現をもたらしてきているのです。決して何か一つの才能によって、新しい言葉を作り上げたという、そういうことではないのでしょう。その問いの深さ、問いの厳しさですね。

九、私への呼びかけの姿

曇鸞大師の場合も、『教行信証』「信巻」にあげられていますが、

> しかるに称名憶念あれども、無明なお存して所願を満てざるはいかんとならば、
> （聖典二一三頁）

と、こういう問いが出されています。『歎異抄』の言葉に移せば、

> 念仏もうしそうらえども、踊躍歓喜のこころおろそかにそうろうこと、
> （聖典六二九頁）

という、あの問題がすでに曇鸞大師において問われているのです。そして、そこに仏法というものが、「実のごとく修行せざると、名義と相応せざるに由るがゆえなり」（聖典二一三～二一四頁）という二つの問題で押さえられまして、そして、「不如実修行」ということを、「実相身」と「為物身」という二つのことで押さえられています。

つまり、仏法を尊ぶ、仏法を信ずるといっても、「実相身」をもって「為物身」というもの

を信じない。「為物身」の「物(もつ)」というのは、「衆生」のことです。「実相身」というのは、まさに真理そのもの、法そのものの法身をあらわすわけです。「為物身」について、『尊号真像銘文』で、

物(もつ)というは衆生なり。（聖典五二六頁）

と、親鸞聖人は書いておられます。そういうことで、衆生の為の身であることを知らない。つまりそれは、願の身であることを知らないということでもあるわけですね。真理であるだけでない。それは我々の願、その願の身である、衆生の為の身と。衆生の為ということは、もう一ついえば「我が為」ですね。私への呼びかけ、私への呼びかけの身であると。

そういうこの「為物身」。「為物身」ということを象(かたど)ったのが、だいたい立像ですね。私たちの御本尊は、立っておられます。阿弥陀如来が立っておられる。あの立っておられるのが、「為物身」の象りです。本来は、つまり「実相身」というときには、座っておられるわけです。三昧に住しておられる。仏の本来の姿は、三昧に身を据えておられるのが、仏、本来のあるべき姿ですね。

その姿に対して、実践といいますか、はたらくのは菩薩。菩薩は立っているのですね。仏は座っておられるのが本来です。阿弥陀さまでも、たとえば宇治の平等院の御本尊も阿弥陀如来

ですけれども、座っていらっしゃいますね。それが立っておられる。それを善導大師は、「軽挙(けいきょ)」（真聖全一、五一四頁）だといわれています。立ち上がっているというのは仏として真(まこと)に軽挙だという。軽はずみな挙動、姿でありますね。なぜそういう軽挙がなされるのかということを善導大師が押さえられて、

> 三悪の火阬(かこう)臨臨として入りなんと欲す。もし足を挙げてもって迷いを救わずは、業繋(ごうけ)の牢、何によってか勉(まぬが)るることを得ん。斯の義のための故に、立ちながら撮(と)りて即ち行き、端坐してもって機に赴くに及ばざるなり。（『観経疏』「定善義」真聖全一、五一四頁）

といわれています。つまり今を逃したら救うときがないと。そこで「立撮即行(りっさつそくぎょう)」という言葉を善導は使っておられますが、立撮即行の姿だと。それは必ずしも、本尊についての話ではないのですが、しかし本尊の立像というのは、そういう姿でありましょう。それは「為物身」たることを象っておられる。つまり「為物身」であることを知らないときには、私たちは仏を対象化する。その対象化、さらにいえば実体視すると、どこかにそういう仏がましまして、そしてその仏にこちらからお願いしますと、念仏もうすということになる。そういう姿になってしまう。それで「為物身」という頷きは、どこまでもはたらきとして、私への願の名のりであり、私への願の実践として、仏を念ずるということでありますね。

十、念仏とは念念仏

ですから、いつも勝手な言い方でいっていることですが、念仏とは念念仏だという言い方ですね。つまり念じたまう仏を念ずるのです。私が念ずるよりも先に、仏が念じておられる。それが「為物身」でしょう。私を念じたまう仏の、その心を念ずるのが称名です。

『一念多念文意』には、

「称」は、御なをとなうるとなり。また、称は、はかりというこころなり。はかりというは、もののほどをさだむることなり。名号を称すること、とこえ、ひとこえ、きくひと、うたがうこころ、一念もなければ、実報土へうまるともうすこころなり。

（聖典五四五頁）

と、このように押さえられています。

称名念仏の「称」は、口に声を出す唱歌の「唱」ではない。題目を唱えるという唱題目の「唱」ではない。念仏の称は「あいかなう」という字であり、世間の言葉に移せば、秤だと。秤というものは、分銅の重さと品物の重さがピタッと一つに相適うときに重さが量られるわけでありまして、そういう二つのものがピタッと一つに適うというところが称ですね。つまり仏の念じたまう心と、その仏の心を念ずる衆生の心がピタッと一つに適うと。それが称名。ですからここでは、「名号を称すること、とこえ、ひとこえ、きくひと」とあります。となえる人とは書いてないのですね。

称名念仏とは実は聞名だということです。念仏とは、念仏もうすということは、「念仏もうせ」という仰せを聞くことなのだという意味が、ここに「とこえ、ひとこえ、きくひと」と、となえる人とは書いてない。「きくひと、うたがうこころ、一念もなければ」と、このように書かれているゆえんでもあろうかと思います。

そういうところに、はじめて法というものが、一人ひとりの業を尽くしての、その歩みを通して流布していく。そういう伝統の姿ですね。いわば存在、その身をあげて問い返すことを通して、法の声を聞き、その声に促されて歩む。そういう歩みということが、実は、親鸞聖人においては、名号ということにも信心を得るということにも、押さえられてきているわけであります。

十一、信心における「因位」と「果位」

念仏の大行、そして大信ということが、『教行信証』「行巻」「信巻」に明らかにされていくわけですが、その名号という言葉に、親鸞聖人はわざわざ、「因位」と「果位」という見分けをつけて押さえておられます。

獲の字は、因位のときうるを獲という。得の字は、果位のときにいたりてうることを得というなり。
（『正像末和讃』聖典五一〇頁。『末燈鈔』聖典六〇二頁）

とあります。信心について、信心獲得といわれます。その獲得という言葉に、「因位のとき」、「果位のとき」ということを親鸞聖人は見分けておられるわけです。そして次に、

名の字は、因位のときのなを名という。号の字は、果位のときのなを号という。
（『正像末和讃』聖典五一〇頁。『末燈鈔』聖典六〇二頁）

と、「名」と「号」を「因位」と「果位」に分けておられます。

これは、信心とか、名号ということを、やはり一つの歩みとして押さえられる。そういう獲信でありますね。

この「因位」と「果位」に、どういう違いがあるのかということです。「獲」と「得」とにどういう違いがあるのかですね。それについて、「なるほどな」と思いましたのは、九州の大谷短期大学で、私が勤めて三十年ほどたつわけですが、今は学校の中に機械が置いてございまして、学生は自分の口座からカードといいますか、通帳を入れて親からの送金も勝手に受け取っていくわけです。けれども、開校当時は、そんな機械もありませんから、直接親から現金書留で送ってくる。それを学生を呼び出して手渡すという形でありました。

それで、たまたまそういう場面に居合わせたことがあったのですけれども、見ておりますと、学生の反応が面白いわけです。ある者は事務員からその書留を手渡されますと、それこそ「しめた」という顔になるわけですね。そしてもうニコニコ顔で勇んで友だちのところに飛んでいくのです。まあ、「これで今日は飲める」というようなものでしょうね。ところが、別の者は、その封筒をしげしげと見るのですね。自分の名前などが書いてある、親の筆跡を神妙な顔をして読んでいます。その顔を見ていますと、何かその子なりに親の心というものが感じられるのでしょうね。それで、その封筒の字をじっと見て、なかなか封筒を開けないのです。つまり、同じように現金書留を受け取っているのですけれども、はじめの学生は、送ってきたお金だけを見ているのですね。それで「しめた」ということになるのでしょうね。後の学生は、そのお金と同時に心を受け取っているということがあるのでしょう。送ってくれた親の心というものを、そこに感じながら受け取っている。

実は、この「果位」というのは、送られたものだけを受け取っていくのが「果位」です。「得る」ということですね。それに対して「獲」という「因位」のときというのは、実は送ってくださった、その心を同時に受け取っていく。そのときはじめて、送られた親の気持ちは成就していくわけでしょう。そこにやはり「獲」と「得」の違いがある。

信心ということにつきましても、ただ、その阿弥陀如来を信ずるとか、言葉を信ずる。そのことを通して、その仏の心、そういう言葉で語られ、そういう呼びかけとなって私にはたらきかけている。その心を受け取るというのが、「獲」ということ。「得」というのは、仏教では「身に付く」という意味で押さえますね。得という言葉は、「得は徳なり」という言葉がありまして、要するにその身に付いているという、そういうことが押さえられているわけなのです。そういう信を得るということに、「因位」と「果位」という、そういう歩みを押さえられている。

同じように、名号ということにも、やはり「因位」と「果位」ということを見分けられています。漢和辞典を見ますと、「名」ということについて、「夕と口から成り、夕方は暗いので、人に対して自分の名を告げなければならないから、夕と口とを合わせて自分の名をいう意を表すという」（『角川漢和中辞典』）と説明されています。

十二、自分の全存在を名に託す

それと同時に、もう一つ別には、名というのは、古くは「」という字で、「」は神に供える肉の省略形で、「」は、祈りの文である祝詞を入れる器の形であるといわれます。昔の人の生活というのは、そういう祈りということと共にあったということがいえるからでしょうね。それで、神に対する祈りとか願いとか誓いを書いた文章を入れる箱を「さい」といい、それが「」の形です。ですから、肉を捧げ誓いの言葉を誓って捧げるという、そういう形からきているといわれます。

これはたまたまテレビで見たのですが、ヒマラヤのほうですけれども、あちらの山のほうの集落では、今でも子どもが生まれると、一か月は名前を付けないんだそうですね。一か月たってはじめて村中の者が集まって、この子を村人として認めるかどうかと審議をしまして、そして、それにパスしますとはじめて村人として迎えられる。そのときに名を付けるわけです。つまり神に捧げものをし、そして我々はこの子を村人として迎え入れます、これからは共々に生きていきますということを、その神に誓う。そういう形からきている文字だと。そのようであります。

名というのには、名のるという意味と、名付けるという両方の意味がありますね。名付けるというのは、その存在に意味を与えるという、意味づけということがあります。名ということには、そういう意味があります。ともかくそこに、何か名ということが、どうも私にははっきりいたしませんでした。名のりといわれましても、そのことにどれだけの意味が受け取れるのかわかりませんでした。

私が「名」ということの大きな意味を教えてもらったのは、もう亡くなられましたけれども、石原吉郎（いしはらよしろう）という詩人の方です。その人はシベリアに抑留されておられまして、そのことを著した『断念の海』という書物を出しておられます。その中で、少しでも日本に帰るということに希望や夢をもっていた人は皆死んでしまった。耐えられなくなって死んでしまった。それに対して、シベリア抑留生活の厳しさの中で、帰ることをきっぱり断念した、そういう人たちだけが、それこそしぶとく生き続けたということを書いておられます。

その人たちが、ときどき収容所を移されるということがあるそうです。Aという収容所から、

Bという収容所に移っていくのに、汽車でずっと乗っていく。途中で汽車を乗り換えなければならない。そうすると、別のCという収容所に入っていた日本人の抑留者と、駅ですれ違うことがある。そういうときには、皆がそのすれ違う相手に、相手の手を握りながら、そして目を見つめて「私は何県出身の何々という者だ」と、その名を伝えると。すれ違うだけですから、ゆっくりと話はできないわけです。それで、ぎりぎり何を伝えるかというと、自分という者の存在を伝えるときに、最後に取りうる手段は、名を名のるということしかない。そして名を相手の心に刻む。「何とかという、何県出身の何々さんとは、どこそこで会ったと、こういう状況で抑留生活をしていたようだと。もしあなたが国に帰るようなことがあるならば、私がこういう土地で死んでいったということを伝えて欲しい」と。そのように、自分の全存在を「名」に託するということがあるということです。そのように、「名」ということについていっておられます。

ですから、石原さんは、いわゆる無名戦士とか、無名戦士の墓という言葉に、大変な怒りを覚えられるようで、どうしても名前がわからなかったときには、「ついにその名を知らず」と、ついにその名がわからないということを書けといわれます。無名という言葉でくるなどということですね。無名という存在はないんだということを、怒りをこめて書いておられました。

そういう文章に接して、はじめて「名」というものがもっている意味がわかりました。心に刻まれるというときは、「名」と共に刻み込まれるということが、やはりあるわけですね。ですから、この名というものは、人との触れ合いというものを深める上で、非常に大事なはたらきをもちます。

ですから、「名」というものは、決して抽象的なものではないのです。ある意味で、「名」は存在を最も具体的に手渡す道なのでしょう。私というのは、いろいろな面をもっていて、いろいろなことをしていますが、それらはすべて名において伝えられる。名において受けとめられる。石原吉郎さんは、そういうことを自らの体験を通して書かれています。

ですから、名というのは、たんに名付けられた名ということではなく、名にまで自己を具体化していくというところに本質があるのです。すべての人に自分の心、願いを手渡していけるほど、その「名」を具体化していくということです。だから、自分に責任をもつということは、自分の名のりに責任をもつということと同じことになるのです。

大谷派の僧侶であると名のる。その名のりの他に、私の具体性はないわけで、その名のりを離れて、自分の思いをどれほど振り回しても、そこには具体性というものは開かれてこないのでしょう。

そのように、手渡す最後の唯一の道として名ということがある。ですから名のりというのは、仏のうえにあることです。仏が名のる、その名のりというものは、聞き取られたときに、その聞ということにおいてはじめて名のりが完成する。いくら名のったとしましても、誰も聞き取らないときには、名のりは空しいままに終わるわけです。ですから、それは聞き取られてはじめて具体化し、成就するわけです。

ですから、この聞というのは、衆生のうえにあることです。そして、名が衆生のものとなる。因位ということを、曽我先生は「未だ表現せざる如来を因仏」という言い方をされています。因位の名というのは、未だ表現されざる名です。それに対して、号を果位とされるわけですが、それを「表現せられた相を果の仏」と、曽我先生はいわれています（「宗教原理としての四十八願」『曽我量深選集』第十巻、一一四頁）。表現されたということは、衆生のうえにはたらくということです。

十三、存在を悲しむ

名号の号という字ですが、古い字は「号」という字で、上の「𠙵」は祭文を入れる箱を表すそうです。つまり祈りとか、誓いとか、願いの文章を入れる箱です。そして下にある

「丂」というのは、折れ曲がった木を表します。これは、木の枝です。そして、その木の枝でその箱を叩くのです。つまり願いを聞き届けて、叶えて欲しいと頼むということです。神への祈りを、箱を叩いて叱りとばすようにして願うということです。神を叱るというのも面白い言い方ですが、その責任を問うというときの姿が、この号という字の形だそうです。

ただもう一つ、この号という言葉は、『説文』という中国の辞書では、「痛む声」という説明がされています。つまり悲しんで声をあげて泣くこと、こういう意味が押さえられています。つまり、悲しんで声をあげて泣く、号泣するの号ですね。

『六要鈔』にありますように、痛惜の声ということで押さえられるわけです。何かこういうことを通して、号というのは、願がその存在を貫いて、叫びにまでなるという姿なのでしょう。その人が願をおこしたのではない、願がその人の中に、いうならば噴出するといいましょうか、叫びだすといいますか、存在をあげての叫びにまでなるという意味が、この号という言葉にはあるようです。

そこには、聞き届けてくれない、聞き取ってくれない、そういう存在を悲しむという。『説文』の「痛む声」ということからしますと、叫べども叫べども聞き取ってくれない人々の姿を悲しむ、痛む。しかし、もうやめたというわけにはいかない。空しいと知っても、叫ばずにはおられない。そういうものが願というものです。聞いてくれるならいう、聞いてくれないならいわないというのは、それは願ではないのでしょう。また空しく終わるならもうやめたというのも、願ではないのでしょう。

法蔵菩薩が願をおこしたことを、世自在王仏が讃嘆されます。それが、

> たとえば大海を一人升量せんに、劫数を経歴して、尚底を窮めてその妙宝を得べきがごとし。
> （『無量寿経』聖典一四頁）

とあります。この文の最後の「その妙宝を得べきがごとし（得其妙宝）」というのが、古い経典の『平等覚経』とか『大阿弥陀経』では、「その底泥を得べき（得其底泥）」（真聖全一、七七頁、一三五頁）となっています。つまり、底の底まで泥だということ、ついに泥以外の何ものもないということがあきらかになった。一人で大海の水を升量するということは大変なこと、いや大変なということも及ばないことですけれども、気の遠くなるような話です。けれども、それに耐えてついに底に沈んでいた妙宝を得たということなら、まだ救われるといいますか、まだたすかるわけですけれども、底の底まで窮めてみて、ついに泥以外何ものもないということを知った。こういう「得其底泥」という経文になっています。

つまり問題は、その「得其底泥」とわかって、ついに空しく終わるとわかっても、願わずに

いられないものなのかどうかという、その願いでありましす。願いに生きているといっていても、やはり我々は結果を問い、効果をたずねるということを免れないわけです。しかし、本来の願いに生きるという願というのは、すべてが空しく終わると知っても、叫ばずにはいられないものを願というわけでしょう。そういう叫び、存在を貫き存在そのものが叫びとなるような、そういう願の名のり、それが「号」ということなのです。

つまりそれは、衆生のうえにまではたらき、衆生を包むということ。たとえ、包んでも包んでも、それに応えることのない衆生であっても、覆われてあるもの、衆生のことを覆われてあるものという言葉で表現されもしますが、その覆われてあるものであっても、叫び続けずにはおれない。そういうはたらき、そういう叫びになったものを「号」というのです。

仏が願を表明したのが「名」です。その願において、その衆生を、いうならば包み続ける。包まずにおれない叫びにまでなる。衆生のうえにはたらく「名」となるというところに「号」という意味があろうかと思います。

十四、五劫は衆生の無明の深さ

「名」を「号」にまでしたという、このことを「正信偈」のうえでいいますと、本願をおこされて、そしておこした本願を如何にして一切の衆生のうえに開いていくか。そのために仏は、五劫の思惟を尽くされたとうたわれています。

五劫、これを思惟して摂受す。（五劫思惟之摂受）（聖典二〇四頁）

と、五劫もの長い間思惟して、これを摂受されたとあります。

ところが、『浄土文類聚鈔』のほうでは、

思惟摂取するに五劫を経たり。（思惟摂取経五劫）（聖典四一〇頁）

という言葉になっています。ほとんど言葉は同じです。「摂受」が「摂取」になり、「之」という字が「経」という字になっているだけです。使われている言葉は、ほとんど変わらないわけですが、「五劫」という言葉の置かれている位置が全く違うわけです。「正信偈」では、「五劫思惟之摂受」と、「五劫の思惟をもって、之を摂受したもうた」と。『浄土文類聚鈔』のほうでは、「思惟摂取するに五劫を経たり」と、こういう文になっています。

どういう違いがそこに押さえられるのか。私が今思いますことは、「五劫思惟之摂受」という「正信偈」のほうは、その法の歩みを述べた言葉であります。五劫もの長い間を尽くして、思惟してそれによって人々を摂受したという、法の次第というものがうたわれた言葉だといってよいかと思います。

ところが、『浄土文類聚鈔』のほうになりますと、この私を摂取するための思惟でありますね。そのことに五劫という長い時を尽くされたという意味になってまいります。いいますならば、『歎異抄』の「後序」にあります、

弥陀の五劫思惟の願をよくよく案ずれば、ひとえに親鸞一人がためなりけり。

（聖典六四〇頁）

という言葉が、「経五劫」ということでしょう。この私を呼びさましてくださるのに、五劫という長い時を尽くしてくださった。そのように、我が身のうえに頷いたのが、『浄土文類聚鈔』の言葉でしょう。一般に大きく分けていうときに、『教行信証』は真宗の教相、教えのすがたを明らかにされた。それに対して『浄土文類聚鈔』のほうは、どこまでも安心。親鸞聖人自身の安心に立って書かれてある。ですから「教・行・信・証」というその手法も、『浄土文類聚鈔』のほうでは、入り組んでいますね。『教行信証』のように、きちんと組織付けられており

ません。そこではどこまでも親鸞聖人自身の歩みということにおいて受け取られてきた、それこそ本願の歩みということでしょう。そのために、「弥陀の五劫思惟の願をよくよく案ずれば、ひとえに親鸞一人がためなりけり」という、そのニュアンスがこの『浄土文類聚鈔』には色濃くあらわれているかと思います。

そういうところに聞き取られたものが名号であり、この私のうえにまで成就されてきた名のりです。そして、「五劫」というのは、ある意味で無縁の時でもあるのでしょう。これは時間であらわせば「五劫」ですが、距離であらわせば『無量寿経』に、

此(ここ)を去ること十万億の刹(せつ)なり。（聖典二八頁）

とあります。

私たちは、この「此を去ること十万億の刹なり」という言葉を聞きますと、こちらに穢土があり、そして向こうに浄土があって、このあいだの隔たりが「十万億刹」だと。こういうイメージをもってしまいます。ところが、これを曽我先生は、この「十万億刹」というのは、穢土の長さなのだとこうおっしゃいました。そして安楽浄土は、穢土に接しているのであって、彼方にあるのではない。ただその穢土の長さが十万億刹で、それは、尽くしても尽くしても、なおそこに無明が晴れないという、私たちの抱えている無明の深さをあらわしている。その無

明の深さが、実はこの「十万億刹」で、時間でいえば「五劫」ということになる。仏をして五劫を経さしめるということです。だからこそ、その無明を自覚する。自らの無明に目覚め、そこに五体投地するとき、「去此不遠」といわれるのです。

『観無量寿経』には、

阿弥陀仏、此を去りたまうこと遠からず。（阿弥陀仏、去此不遠）（聖典九四頁）

と、「此を去りたまうこと遠からず」といわれ、阿弥陀仏は足元におられると説かれています。ですから、無明性に立つときは、浄土は彼方、限りなくどこまでも彼方。ところが、自らの無明性に目覚め、そこに五体投地するとき、浄土は「去此不遠」となるということです。

そういう「五劫」という時の長さ、「十万億刹」という隔たり、距離の長さ。そういう形で、私たちの、それこそ尽くしても尽くしても、なお覆っている無明性というものを、そこに押さえられてきた。そしてその無明性に耐えて、叫び続けられている「名」、それが「名号」なのでしょう。

「得其底泥」の事実、どこまでいっても泥だと。どこまで掘り下げていっても泥だと。「得其底泥」の空しさに耐えて叫び続ける。そういう叫びにまでなったすがたを「号」という。このように、親鸞聖人は聞き分けられているのでしょう。「名号」ということを、ただ単に何かものをあらわす名詞としてではなくて、名のりが「号」として人々のうえに響くという、そういう歩み、願の歩みとして親鸞聖人は押さえられた。したがって、その叫びを聞くということにも、ただ叫びを聞くのと、さらに進んで叫ばずにいられない心に目覚めていくのと、衆生のうえにおける獲信、得信という歩みというものを、やはり押さえておられる。そこに、徹底して歩みとして押さえられているということがいえるかと思います。「大行」という言い方も、そこには押さえられているようにも思うわけです。

私たちのもののとらえ方、理解の仕方は対象的にしかとらえられない。対象的にしか見られない。対象的にとらえたときには、全部それは、いうならば名詞になる。名詞として押さえられる。ですが、仏教の基本の言葉は全て動詞なのです。

清浄の信、「浄信」という言葉も出てきますが、この「清浄」という言葉も、山口益先生の『動仏と静仏』をご覧になりますと、浄土を「清浄土」という。「清浄」というのは動詞だということが、やはり注意されています。ただ清らかな世界ということをいっているのではない。全てを清浄にする世界だと。限りなく清浄にしていく世界と、動詞として押さえられる。それから空というのも、名詞ではない。これは「空ずる」という言葉なので、とらわれを離れるという、そういう動詞である。空ということをたてると、また空にとらわれるということになる。

そのために、徹底して「空亦復空」（龍樹『中論』）というような言い方がされてくるのです。それは、そういうはたらきの世界をあらわすわけです。これは、今日現代の私たちの考え方、生にしましても死にしましても、全部これを名詞にしてしまう。いのちも名詞にとらえる。全部、対象的に分析的に見ていくということになってまいります。

そのことにおいて、いよいよ私たちは、何か生きたいのちの事実というものを失って、一つの実体的なとらわれに陥るということがあるわけでしょう。

そういうことが、「名号」「獲得」、そういうところにわざわざ区別して「因位」「果位」という言葉をもって押さえられている意味もあろうかと思うわけです。

《質問　一》

『教行信証』を書き始められたのはいつですか。

《質問に答えて》

新たな使命を呼び起こした嘉禄の法難

『教行信証』が、嘉禄の法難を機縁として書かれたといいましても、決してそれ以後に執筆を始められたということではありません。

「化身土巻」に、

> 三時教を案ずれば、如来般涅槃の時代を勘うるに、周の第五の主、穆王五十一年壬申に当れり。その壬申より我が元仁元年甲申に至るまで、二千一百八十三歳なり。
> （聖典三六〇頁）

とありますから、そのころには、『教行信証』はおおよそできていたのではないかと考えられています。

その元仁元（一二二四）年というのは、親鸞聖人が五二歳の時ですから、嘉禄の法難（一二二七年）よりも三年前のことです。そのころに、『教行信証』がおおよそできあがっていたということですから、『教行信証』を書き始められたのは、それよりずいぶん以前であったということです。ですから、嘉禄の法難が起こって『教行信証』を書こうと思い立たれたと、そういうことでは決してありません。

ただこれは全く資料もたず、素人の考えですけれども、そのころお書きになったものはおそらくは、よく似た形のものではなかったか。つまり、やはり自分自身が遇うことのできた、そして自分自身が聞くことのできたその本願の歴史、本願の世界を自分自身に明らかにしていくという姿勢で書かれていたのではないのかという気がします。そして、厳密にはどういう形か定かではありませんが、ずっと書き続けられていた。それを今現在私たちが手にできる『教行信証』という、三つの序を置き、そこに真宗の教相というものを大乗仏教全体の中で明確にしていくという、そういう意図で書かれたのは、私は嘉禄の法難というものが大きな促しになっているのでないか、そういう思いをもっているのです。

親鸞聖人が、京都にいつお帰りになったかという、これもはなはだ曖昧でありまして、六〇歳前後ということにいろいろな先生の説もなっています。けれども、明確にいつということはわかりません。ただ京都に帰られるという、そのことにつきまして、和田稠先生がかつてこういうことをいっておられました。

関東時代の親鸞聖人の生活ですが、これは関東に多くの念仏者が生まれました。そしてその人々は、親鸞聖人が京都に戻られてからも、その生活の費用を、折にふれて届けておられる。そういうことからみましても、関東時代には、やはり多くの志を受けられて、親鸞聖人の生涯で、いちばん生活が安定した時であったと思われます。それから家庭というものも、今までにない安らぎをもたれたのではないかと思います。そしてさらには、多くの念仏者が生まれ、そこに友を見いだしていかれた。

安定した家庭というものと、そして経済的にも安定し、そして共に語り合える友をもっておられた。これが人間がいちばん求めていることでないのか。しかもそのことの有り難さは、歳をとればとるほどいよいよ強く感じられてくる。これからいよいよそういうことが大事な年代にさしかかる。その時にそれらすべてを投げ捨ててといいますか、全部後にして、一人京都に上られている。そこには、やはり親鸞聖人をして京都に上らせた非常に大きな課題といいますか、大きな使命というものを親鸞聖人は感じ取られ、その使命に生きるという道を歩み出された。

この浄土真宗興隆のため、親鸞聖人が身に余るものを受けたから、その身に受けたものに応えるために京都に上り、『教行信証』を書かれたのではないかと、そういうことを和田先生がいってくださったことがありました。やはりそういう使命を感じさせる大きな問いかけ、促しになったものが、この嘉禄の法難でなかったのかと私は感じているのです。

確かに、元仁元（一二二四）年、親鸞聖人が五二歳の時には、すでに『教行信証』をお書きになっていると思います。それはまさにその通りだと思うのですけれど、やはり嘉禄の法難を通して『教行信証』を著さずにおれないという、そういう願いといいますか、志というものは大きく、親鸞聖人のうえで変わったのでないかと思うのです。

一つには、これは安田先生が、「『教行信証』には、一切具体的な問題が取り上げられていない」といわれます。「行巻」の最後に、

敬いて一切往生人等に白さく、（聖典二〇〇頁）

こういうことを親鸞聖人はいわれています。「一切」という、それは言葉を換えますと「已今当」とこういう言い方で、已今当の往生人ということでしょう。つまり、かつて往生の道を歩み続けた人、今現在歩んでいる人。そして当は未来の往生人。そういう言葉で菩提心をもって生きる人間すべてに、人類に捧げる書と。そういう一つの願い、意図があると安田先生はいっておられました。

そういうことと同時に、やはり私には、当時の仏教界にもの申すといいますか、そこに真の

仏教とは何かということでありますね。真宗ということを明確に開いていくということを、『教行信証』を書かれる心、願いとしてもたれたのでないかということを強く感じているわけです。ただ、書き出されているのは、確かに嘉禄の法難以前だということは、私もそのように思います。

《質問　二》

親鸞聖人は、神祇不拝をどのように語られたのですか。

《質問に答えて》

現世の利益を求める心

残されている親鸞聖人のお言葉ということで申しますと、『御消息集（広本）』第九通に、

まず、よろずの仏・菩薩をかろしめまいらせ、よろずの神祇・冥道をあなずりすてたてまつるともうすこと、このこと、ゆめゆめなきことなり。（聖典五七一頁）

とあります。以下ずっと文章が続いておりますが、この御消息を通してですね、親鸞聖人がご門弟方におっしゃったことの根本といいましょうか、基本はこういうところにあったのではないかと思います。古来いわれています言い方では、どこまでも神祇を尊ぶ、しかしこれに依らない。これが親鸞聖人の姿勢であるといわれてきております。決して軽んじないのです。

真宗は、現世利益を説かないで、現生の利益を説かれると、こういう言い方をされます。しかし、親鸞聖人は、現世利益を求める心を否定されてはいません。現世の利益を求める心を否定したら、いわゆるいろいろな苦しみを抱え、その救いを求めてもがいている、そういう人々にとっての道ではなくなるのでしょう。ただ現世の利益を求める心に対して、いわゆる現世の

利益という形で応えてゆくのなら、それは根なし草を与えるようなものでしかない。人々においては現世の利益という形でしか、いわゆる利益というものを求められない。あるいは利益ということが考えられない。そういう人々を促している、その願いに根本的に応えてゆくものが現生の利益です。現世の利益はただ表面的に応えるといいましょうかね。そういうことと同じように神祇をたのみとする。そのたのみとする心を否定したら、やはり人間の宗教心というものはやせ細った、あるいは狭いものになるのでしょう。

親鸞聖人は、神祇をたのむ心を決して否定されないし、そういうものは自分の中にもあるといわれる。けれどもそれは、神祇を拝むという形で応えられている道は、決して心底その心に応える道とはならないということなのです。神祇というものを、現世の利益を求める人々の心と、決して一緒にはなさっていないように思います。法の批判からいえば徹底して批判される。けれども、それを求める心にどう応えるのか。応えられなかったら、そういう批判はただの思い上がりでしかないということですね。

雑行を修する心

こういうことにつきましては、たとえば、『観経』に隠顕二義が見られますように、『阿弥陀経』にも隠顕二義が見られるわけです。

「顕」と言うは、経家（きょうげ）は一切諸行の少善を嫌貶（けんぺん）して、善本・徳本の真門を開示し、自利の一心を励まして、難思の往生を勧む。

（「化身土巻」聖典三四四頁）

この『阿弥陀経』の顕文ですね。言葉として説かれてある意味からいえばこういうことだと押さえられているわけですが、そこに「一切諸行の少善を嫌貶して」とこういう言葉が使われています。法然上人においては、廃するということでありますね。いわゆる廃立。「一切諸行の少善を廃して」という言葉になるところではないかと思いますが、親鸞聖人は廃するという言葉を使われない。嫌貶という言葉を使われるのです。

嫌貶というところには、それを厭う・貶（おとし）めるという意味もありますが、しかし、嫌い貶めるものが実は外にあるのではない、自分自身の中にあるという。ただ外にあるだけではない。外にあるものなら廃するということで済むのでしょう。けれども、自分の内に「自力の少善」を求める心があるのです。その求める心が、ある意味では廃しても廃しても、なおその底にそういう心がわだかまっている。そういうものを抱えた言葉が、私は嫌貶という言葉ではないかと思います。つまり、自力の執心というものをどこまでも抱えているということ。自分の内に、底なき執心の深さを感じておられる、だからこそただ本願に帰すると。

法然上人は、「雑行」というのに対して、「正行」に帰するといわれています。『選択本願念仏集』です。そこに三選の文があり、三つの選びがされています。これは、法然上人の結論のような言葉ですね。

> また云わく、それ速やかに生死を離れんと欲わば、二種の勝法の中に、しばらく聖道門を閣きて、選びて浄土門に入れ。（「行巻」聖典一八九頁）

これが第一の選びですね。次に、

> 浄土門に入らんと欲わば、正雑二行の中に、しばらくもろもろの雑行を抛ちて、選びて正行に帰すべし（「行巻」聖典一八九頁）

これが第二の選びです。そして次に、

> 正行を修せんと欲わば、正助二業の中に、なお助業を傍にして、選びて正定を専らすべし。正定の業とは、すなわちこれ仏の名を称するなり。（「行巻」聖典一八九頁）

これが第三の選びです。この三つの選びをもって、ある意味では法然上人の歩みというものがそこに押さえられてくるわけであります。

親鸞聖人は「後序」において、よき人法然上人を通して本願の一道に帰するという、自らの回心というものを語られています。

> しかるに愚禿釈の鸞、建仁辛の酉の暦、雑行を棄てて本願に帰す。（聖典三九九頁）

そのところに「雑行を棄てて」といわれ、「本願に帰す」といわれている。雑行に対していえば正行なのですね。法然上人がいわれておりますように、対する言葉からいえばやはり正行でしょう。しかし、親鸞聖人は「雑行を棄てて正行に帰す」とはおっしゃらずに、「雑行を棄てて本願に帰す」といわれる。行と願ですから、本来からいえば相対する言葉ではないのです。ところが、「本願に帰す」とこうおっしゃいます。そして、雑行というものの内に見ておられますのは、雑行を修する心を問うておられる。それは念仏一つをも雑行にしてしまう心であります。「化身土巻」で親鸞聖人は「雑行」ということをずっと押さえて吟味していかれます。ある意味で、読んでおりまして私などはイライラしてくるぐらい細かに書いておられます。

それ雑行・雑修、その言一つにしてその意これ異なり。　（「化身土巻」聖典三四二頁）

ここからが雑行釈です。「雑行・雑修」「雑行・雑心」ということが、ここで吟味されています。「雑行」の「雑」という言葉について、

「雑」の言は、人天・菩薩等の解行雑せるがゆえに「雑」と曰えり。　（「化身土巻」聖典三四二頁）

といわれます。「人天・菩薩等の解行雑せる」という、そういう在り方が「雑」なのです。決してこれは、正行と雑行を「行」のうえで色分けをして、雑行は棄てる、私は正行一つだということをいわれているのではないのですね。雑行という、その「雑」ということは、念仏以外のあれこれということだけではない。「解行雑せるがゆえに」ということですから、雑じりけがあるということでしょう。何が雑じるかといえば「解行」が雑じる。つまり個人、その人の

理解力・実践力といってもいいでしょうか。個人的な才能であり、力ですね。つまり自力の執心です。その自力の執心が雑じるならば、それはすべて「雑行」です。ですから雑行を棄てて と、こう簡単にはいえない。「雑行」とされている行は棄てることができても、雑行を修する心、つまり自力をたのむ心は、簡単に単純に棄てるといえるものではないでしょう。棄てたはずの自力の行、執心というものが、おりに触れてあらわれてくる。そして、

もうすところの念仏をも自行になすなり。(聖典六三一頁)

と『歎異抄』にいわれているように、念仏さえも我が力で行うところの行とするのです。

誓願(せいがん)の不思議をばたのまずして、わがこころに往生の業をはげみて、もうすところの念仏をも自行になすなり。(聖典六三一頁)

この「もうすところの念仏をも自行になす」、これが雑行を修する心でありましょう。それは棄てたつもり、それこそよほど棄てたつもりになっていましても、おりあるごとに顔を出してくる。何かそういう自分自身の内なる不気味な姿でありますね、そういうものを先ほどいいました「嫌貶(けんぺん)」という言葉使いですね。少善を嫌貶するという。廃するといわれずに嫌貶すると、そういう言い方をされている。ですからこの神祇不拝ということもですね、親鸞聖人の場合は、先ほどみました『御消息集(広本)』の第九通に書かれてあるお心を感じるわけです。ただこういうものを拝んではいけないとかですね、こういうものはこうしなさいということで済ませて

おられたこととは思いません。どこまでも共に、その執心の深さ、その事実に帰って、そこからまた聞き直していくという歩みを、親鸞聖人は尽くされていったのではないかと、そういう意味を私は感じております。

帰依三宝の心

繰り返し勧められていることは、法として見分けていく。その見分けとしては、「化身土巻」の末巻、いわゆる外道批判。その外道批判のいちばん最初、そこに『涅槃経』と『般舟三昧経』をあげて、いわゆる帰依三宝の言葉がおかれてあります。

> 『涅槃経』（如来性品）に言わく、仏に帰依せば、終にまたその余の諸天神に帰依せざれ、と。略出
>
> 『般舟三昧経』に言わく、優婆夷、この三昧を聞きて学ばんと欲わば、乃至　自ら仏に帰命し、法に帰命し、比丘僧に帰命せよ。余道に事うることを得ざれ、天を拝することを得ざれ、鬼神を祠ることを得ざれ、吉良日を視ることを得ざれ、と。已上
>
> （聖典三六八頁）

こういう言葉がまずおかれて、そこから外道批判ということが展開されます。そしてそれがずっと続けられまして、

> 『大方等大集経』巻第六「月蔵分」の中に「諸天王護持品」第九に言わく、
>
> （「化身土巻」聖典三七三頁）

とあり、その「月蔵分」の引文が長く続きます。その長い引文が終わって、次に、天台大師の『法界次第』の文が置かれています。その内容はやはり帰依三宝の言葉です。

> 一つには仏に帰依す。『経』（涅槃経）に云わく、「仏に帰依せん者、終に更ってその余のもろもろの外天神に帰依せざれ」となり。また云わく、「仏に帰依せん者、終に悪趣に堕せず」と云えり。二つには法に帰依す。謂わく、「大聖の所説、もしは教もしは理、帰依し修習せよ」となり。三つには僧に帰依す。謂わく、「心、家を出でたる三乗正行の伴に帰するがゆえに。」『経』（涅槃経）に云わく、「永く、また更って、その余のもろもろの外道に帰依せざるなり」と。已上
>
> （「化身土巻」聖典三九七頁）

この後は『楽邦文類』『天台四教儀』などが続き、結びに『論語』の文が引かれています。これは、言葉についての釈といいますか、そういう言葉の文章でありまして、内容的に何か一つの事柄を開いていくという文章ではありません。それは天台大師の『法界次第』の前で終わっている。ですからあえていえば、この「化身土巻」末巻の始めと終わりに帰依三宝の文が置かれている。つまり外道批判ということの依って立つところは、帰依三宝という一点であると

いうことです。そういうことが注意されます。

そのことからいえば、それこそ嫌貶するものを抱えたままで、だからこそ改めて帰依三宝と。言葉としては帰依三宝ですね。翻邪の帰依三宝ですね。それから重受の帰依三宝ですね。帰依三宝という一点に、外道からの翻邪、回心が語られるわけです。しかもそれは繰り返し繰り返し、帰依三宝の心が問い直されてゆく。そういうことがあるわけでありまして、何か親鸞聖人はご門徒の方々と共に、帰依三宝の心を、そういう神祇にとらわれるという姿に出遇うたびに新たにしていかれたのではないかと思います。語られたということからいうと、私には先ほどの御消息を見ていただくということの他にないのですが、貫く姿勢はまたそういうところにあるように思います。

《質問　三》

名ということについてもう少しお聞かせください。

《質問に答えて》

「我」という名のり

名ということでいえば、私たちも、自ら名のるということがあります。

たとえば、「行巻」に龍樹菩薩の『十住毘婆沙論』の「易行品」の最後のところの偈文が引かれています。その「偈文」を見てみますと、

無量光明慧、身は真金の山のごとし。
我いま身口意をして、合掌し稽首し礼したてまつると。乃至
人よくこの仏の、無量力功徳を念ずれば、
即の時に必定に入る。このゆえに我常に念じたてまつる。乃至
もし人、仏に作らんと願じて、心に阿弥陀を念じたてまつれば、
時に応じてために身を現じたまわん。このゆえに我、
かの仏の本願力を帰命す。十方のもろもろの菩薩も、
来りて供養し法を聴く。このゆえに我稽首したてまつると。乃至

もし人善根を種えて、疑えばすなわち華開けず。
信心清浄なる者は、華開けてすなわち仏を見たてまつる。
十方現在の仏、種種の因縁をもって、
かの仏の功徳を嘆じたまう。我いま帰命し礼したてまつると。乃至
かの八道の船に乗じて、よく難度海を度す。
自ら度しまた彼を度せん。我自在人を礼したてまつる。
諸仏無量劫に、その功徳を讃揚せんに、
なお尽くすことあたわじ。清浄人を帰命したてまつる。
我いままたかくのごとし。無量の徳を称讃す。
この福の因縁をもって、願わくは仏、常に我を念じたまえ、と。抄出

（聖典一六六～一六七頁）

とあります。

この偈文を見ますと、「我いま身口意をして」「我常に念じ」「このゆえに我」というように、なんども「我」という名のりがなされています。

また、天親菩薩の「願生偈」を見ても、「我」という言葉が五か所出てきます。

世尊我一心　帰命尽十方　無碍光如来　願生安楽国

（聖典一三五頁）

これは帰敬序です。そして次は、

我依修多羅　真実功徳相　説願偈総持　与仏教相応　（聖典一三五頁）

これは発起序です。そしてその次は、器世間荘厳に、

故我願生彼　阿弥陀仏国　（聖典一三七頁）

とあり、そして衆生世間荘厳のいちばん最後に、

我願皆往生　示仏法如仏　（聖典一三八頁）

とあります。そして流通分には、

我作論説偈　願見弥陀仏　（聖典一三八頁）

とあります。

このように、帰敬序と発起序に一か所ずつ、器世間荘厳と衆生世間荘厳と流通分に一か所ずつと、全部で五つ置かれています。しかもきちっと全体を押さえる形で置かれています。曇鸞大師がこのことを押さえて、仏教は無我を説く教えなのに、どうして「我」「我」といわれているのかという問いを出しておられるわけです。

「我」ということからいえば、龍樹菩薩の「易行品」の方は、もう一つ「我」で満ちていますね。しかも、龍樹菩薩は空・無我を説く大家ですから、その龍樹菩薩がどうしてこう何回も「我」といわれるのか。そういうところを、きちっと曇鸞大師は問いを起こしておられます。

そしてその問いに自ら答えるという形で、「我」という言葉に三種の根本語があるということを押さえておられます（真聖全一、二八二頁）。

一つは邪見語、二つは自大語、三つは流布語です。つまり「我」という言葉には三つの根本的な使われ方があるということです。私たちが名のる場合、それはまさにその中の邪見語と自大語ですね。自己固執と自己主張といいますか。それから自大語というのは憍慢心。他と比較しておれの方がという、そういう憍慢心においていわれる。邪見語は、どこまでも自己固執においていわれる「我」です。我というものをどこまでも握りしめ、固執して主張するという「我」です。この邪見語、自大語ということは、私たちの日常に使っているものです。私たちの名のりということでは、そういうことは免れないということであろうかと思います。

それに対して今一つ、曇鸞大師は流布語ということをあげておられるわけです。その流布語という意味を講録などで見ますと、邪見でもない自大でもない、ただ世間通途の意味で、人と区別してこの私がという意味で使われている言葉であると、だいたいそういう言い方で押さえられています。決して邪見でも自大でもないということをあらわすと。

しかし、それだけの意味ならば、何でこんなに「我」ということをいわなければならないのかということですね。やはりわからなくなってきます。何も私だぞということをですね、「我」「我」といわなくてもいいだろうと、疑問はやはり残ります。たとえばこの「我一心」という言葉は、「信巻」を貫いて常に非常に大事な言葉として繰り返し、曇鸞大師の言葉がそのまま引文されていますし、親鸞聖人ご自身の御自釈のところにも「我一心」という言葉が取り上げられています。決して世間流布の意味で、他と区別するためにと、そういう意味ではないことを感じるわけです。その意味で、この流布語ということがわからずにおりました。それに対して大きな教えをくださったのが、蓬茨祖運(ほうしそうん)先生でした。

蓬茨祖運先生は、この流布語というのは呼応語ということだと、呼応という意味で押さえてくださいました。ただ世間通途の意味で他と区別していうことではなくて、いうならば呼びかけに応答する。その応答する言葉である。呼びかけを聞き応答する。そこに全身をあげて呼びかけに応えていく。そういう意味が、この流布語という言葉で押さえられていると教えていただきました。

この呼びかけということを親鸞聖人は深く押さえられていますし、仏道を歩むということは、呼びかけに応答していくこととして押さえられもするわけです。この名号における名というのは、呼びかけです。どこまでも、その人に対して呼びかける。もう一ついえば、そのすべての人々の内なる願心に呼びかける。その呼びかけにおいて、その一人ひとりが呼びかけを通して、「我」という名のりを見いだしていく。そういう呼応の歩みということが押さえられているのだと、こういうことを教えていただきました。

私たちの場合は、どこまでいっても邪見と自大という、そういう心に染まっているわけですが、それを破って呼びかけられてくる。

仏の徳をたたえるものに威神力という言葉がよく使われますが、威神力という言葉を、私たちは何か仏だけが身に成就している非常に優れた力と、何かそういうものをイメージするわけですが、これも蓬茨祖運先生から教えていただいたことですが、先生ご自身、威神力ということがもう一つ領けなかった。ところがある先生とお話をしておられたら、その先生が威神力とは聞く耳をもたぬ人間をして、聞かしめる力なんだと、こういうことをおっしゃって、目から鱗という思いがしたと。このように、蓬茨祖運先生はおっしゃっておられました。威神力といいましても、決して空を飛んだりすることではありません。仏法最も不可思議というのは、この私が今そういう聞法の場にあるということの不可思議さです。常に自分の殻に閉じこもり、自分の思いによってモノを切り刻んでいる、その私をして聞かしめるということですね。

唯除ということが、呼びかけの言葉だということをいいましたが、さらにいえば、親鸞聖人においては、「難治の機」といわれる、五逆と謗法と一闡提に対する呼びかけであるということです。一闡提というのは、文字通り聞く耳をもたない存在ですが、その聞く耳をもたない存在に呼びかけ続ける。そしてその聞く耳をもたない存在をして、その呼びかけに耳を傾けさせる。そこに仏法最も不可思議という意味も見られているといっていいかと思うのです。ですから、これは曇鸞大師の根本語のうえからいえば、邪見語、自大語としての我でしかない。それに対して名号の名は、まさしく呼びかけの名のりであります。しかもそれは、自分から一番遠い存在に呼びかけている。呼びかけ続けておられる。そういう名のりである。そういうことが一つ押さえられてくるかと思います。

《質問　四》

御本尊の前で子どもに、「あの人は誰？」と聞かれましたが、どう答えたらよいのでしょうか。

《質問に答えて》

阿弥陀仏という名を伝えることの難しさ

これは大変な質問でありまして、一つは阿弥陀如来という名をわかってもわからなくても、阿弥陀如来という名を伝えるということが非常に大事だろうと思います。

これは名号ということになりますと、南無阿弥陀仏ですね。南無阿弥陀仏につきましては、ある意味で大変ショックを受けたことがありました。ご覧になった方もいらっしゃると思いますが、たまたまホテルに入りましてテレビのスイッチを入れましたら、みのもんたのミリオネアというのですか、一千万円もらえるクイズ番組が放送されていまして、最後に出た質問が、南無阿弥陀仏ということでした。みのもんたさんの口から南無阿弥陀仏とこう出まして、うっと思いました。そうしましたら質問が、「これは二つの言葉からできております。何という言葉と何という言葉でしょう」、つまり区切りはどこでつけるのかという質問なのです。

ふっと聞いたときはなんとまた最後にやさしい質問だなあと。これは一千万円もらえたなと見ておりましたら、クイズの挑戦者が、ウーンと考え出しましてですね。そして別の場所に居る人に聞く権利が一回だけあるのですが、そこへ電話をしたりして何やかや四苦八苦しまして、そして最後に答えたのが、「南無阿弥陀」「仏」ということでした。なるほど考えてみると「仏」は一般名詞だし、「南無阿弥陀」は固有名詞だと。だから南無阿弥陀という仏だと、こういうように考えられたのでしょうね。

ある意味ではなるほど素直な読み方かなあと後で思いました。しかし、南無阿弥陀仏が「南無」「阿弥陀仏」という、そのことぐらいは伝わっていると思っていましたら、本当に深刻に悩まれましたので、私たちがこのくらいはと思っていることがいかに思い上がったものかですね、あらためて気づかされました。

ところで、阿弥陀仏という仏さまはどういう人かと、こう聞き直された時に、どういう人というべきかですね。子どもにどういえばいいんだろうかと考えましたが、私には何も思いつきませんでした。

深信自身の心

仏教ではいろいろな仏が説かれていますが、その中で阿弥陀如来という仏の大きな特徴といいますか意義としては、親鸞聖人が「深信自身」ということをおっしゃっておられます。自身を深信する、それが第一の信心の姿だと。いわゆる善導大師の深心釈。その深心釈を親鸞聖人は七深信・六決定という言葉でまとめておられます。その第一の深信。後の人びとがいわゆる機の深信と呼んでおりますところの文章を押さえて、親鸞聖人は、

> 第一の深信（じんしん）は「決定（けつじょう）して自身を深信（じんしん）する」すなわちこれ自利の信心なり。
> （『愚禿鈔』聖典四四〇頁）

と、「決定して自身を深信する」と、こういう言葉で押さえておられます。

それでこういう深信自身という心といいますか、生き方を開いてくださる仏というのは阿弥陀如来が唯一でありましょう。阿弥陀如来とは、その意味ではこの自分自身に与えられたその人生を、本当に大事に生きていくといいますか、かけがえのないものとして受けとめ、生きていくというそういう力を私に開いてくださる。そこらは皆さまお一人お一人で、この深信自身ということをどう子どもたちにいえば良いかということを、またお考えいただければと思うのです。やはり押さえれば、このことを押さえるのがいちばん端的といいますか、近いのではないか。阿弥陀如来とは、何か向こうのほうにとりすましていらっしゃるのではない、まさに私に呼びかけておられる。その呼びかけの内容は、自分自身に目覚めよということですね。その自分自身の存在、その自分自身の存在を本当に受けとめてほしいという、そういう意味であろうと思います。

しかもそれが南無阿弥陀仏でありますね。私たちは、どうしても阿弥陀仏は汝、あなたですね、そして南無するのは私。こちらからその阿弥陀仏を南無したてまつると。こういう思いがあります。その時にはただ、御本尊は礼拝の対象物にすぎないことになりましょう。これにつきましても、曽我先生は逆なんだということをいわれました。この南無とは「汝一心に正念にして直ちに来れ」という呼びかけなのだと。そして阿弥陀仏のほうは「我よく汝を護らん」という。汝と我という言葉のところで押さえれば逆なんだと。阿弥陀仏というところに、我よく汝を護らんというその誓いの名のりがあるといわれました。

南無というのはその阿弥陀仏の呼びかけ、まさに呼びかけでありますね。「汝一心に正念にして直ちに来れ」という、私に呼びかけられている姿であります。ですから、阿弥陀仏というのは本来念じたもう仏ですね。私たちが念仏もうすというのは念じたもう仏を念ずる。念じたもう仏の心を念ずるというのが、私たちの念仏でしょう。決して向こうにすまして立っておられる阿弥陀さまに、こちらからたのみますよと声をかけるという、そういうことではない。私たちが声をかけるのに先立って、念じられていたという、その念じられていたことに対する驚き。そういうものを通してその心を念ずる。それから念じたもう心を受け取るということと一つでありますから、信というのは念じたもう心を受け取るということでありましょう。

ともかく、第一の深信は「決定して自身を深信する」という。おそらくはこういう言葉で言い切られてあるのは、親鸞聖人のこの言葉だけではないかと思います。そういう深信自身という心を私のうえに呼び覚ましてくださる仏の名を、阿弥陀という。私のいのちを、私の人生を本当に大事に受けとめて生きさせる、そういう促しのはたらきですね。そういうことを子どもにどういう風に表現するかでありますね。これは私にはとても力およびません。ただ申しあげたいと思うことはそういうことです。そういうことで、お許しいただきたいと思います。

《質問　五》

寺の生活に意欲がわかないという問題がありますが。

《質問に答えて》

月参りに行ったときに感じたとまどい

最後に、「以前三重教区は同朋会運動の活火山といわれるくらい、そこにかける熱い情熱がありましたが、現在一生懸命やればやるほどしらけるという状況である。また寺の生活に意欲がわかないという問題がある」と、こういうご質問であります。

これはやはり真面目にといいますか、一生懸命取り組まれる中でそういう問題を感じられていると思うのですが、こういうご質問にも具体的にどういえばいいのか迷うわけですが、ただ私自身のことで非常に大きな教えをもらったことがありました。つまりちょうど寺の生活に意欲がわかない。さらにいえば寺の生活に疑問しか出てこない。当時まだ学生時分でしたが、父親の代わりに、私は京都の寺でしたから、学校から帰ってからよく月参りに行かされました。

するとそのころでも、お仕事の都合とかですね、何かでお家の人は部屋の中に誰もいらっしゃらない。それでただ声をかけてそのまま上がって、そしてお勤めをしてお内仏の中に置いてあるお布施をもらって帰ってくる。こういうことなのですね。いちばん最初に行きまして、こういう所に座ったときにお布施をもらって帰るべきか、帰らざるべきかと、本当に悩みました。置いてくるのはいかにも偽善めいておりますし、そうだからといってもらって帰るのもなんとも割り切れない。こんな在り方でこんな月参りなんていうことをどれだけやったって、何の意味があるのだと。そういう思いがありまして、こういうものは改革しなければならないなんてことを青っぽく一生懸命学生時分にいっておりました。

そうしましたら、友だちの藤元正樹君が、こういうことをいってくれました。「改革おおいによし、おおいに改革しろ」と、「ただし改革するというのはお前が今よりもっと気楽にお布施がもらえるようにすることではないぞ」といわれました。いろいろな心理的抵抗を感じながら、お布施をもらって帰っているわけですから、それを改革するというのはもっとスムーズに、何の心の痛みも感じずにといいますか、さらには得意満面でもらって帰るというようなそういう形にすることではないぞと。お布施を出しているご門徒のその心に、今以上に的確に応える道を探すことだぞと、こういうことをいわれたのです。

その視点がひっくり返ったのですね。今までは自分のほうの物差しで計ってこんなことに意味があるのか、なんか月参りに行ったってしらけるばかりだと。そこで何とか自分の物差しに合うように形を変えようとする発想でした。それがそうでなくて、お布施を出してくださる心というものから考えろという視点を教えられました。お前はご門徒の心に応えているのかという問いでしょう。これは、私にとってはその後の生き方に、非常に大きな導きとなりました。何かしていることの意味を問う。そのとき気がついてみると、常に自分の物差しで計って、あだこうだといっている。

そして広げていえば、この人生に何の意味があるのだと、まあそういう疑問ももったりしています。けれども逆に、いったいこの人生から私は何を願われているのか。何を求められているのかですね。今ここに生きている事実に立ったときに、その事実の中にどういう願いを受けているのかですね。そのことをまず尋ねてみろと、それを尋ねることなしに、どれだけ合理的に何か自分に抵抗のない在り方を作り上げていったとしても、それはいよいよ何か思いの中に、自己満足の中に閉じこもっていくことに終わるのではないか。そういうことを、藤元君から指摘されたことが思い出されるわけであります。

自分にとって、せずにおれないものとは何か

それともう一つは、ある伝統のある非常に大事な会の最後を任されたことがありまして、しかしその会の在り方にいろいろな疑問をもちまして、この会をこのまま維持していくことにこれこそ何の意味があるのかと。やっぱりそういうことを悩みまして、最後に安田理深先生のところにお伺いしました。そしていろいろ愚痴ったり文句をいったりしていたのですが、その時

に安田先生がおっしゃった言葉が、「しなければならんと思うなら止めておけ、せずにおれないならやれ」と。こういう禅問答みたいなお言葉がありました。

しなければならんと思うなら止めとけと、つまり本当はしたくないのだけど、しかし立場上しなければならんとか、行きがかり上しなければならんとかで、しなければならんという時は、必ずこんなことに何の意味があるんだという思いは付きまといますし、すればするほどまた常にしらけるということもあります。そうではなくて、「本当にせずにおれないと思うならそれをやれ」と、こうおっしゃいましてですね、そのときは大変腹が立ちました。せずにおれんものだったら尋ねてくることはないと思っていたのですね。そして帰ってきたのですが、帰ってきまして時間とともに、お前には何があるんだと。せずにおれないことがあるのかと、自分に対して問いが向いた時に愕然としたわけです。何にもないのですよね。自分が本当に、これだけはせずにおれんという、誰が何といおうと、どうなろうとせずにおれんというものがないままに、だからさし当たってしなければならんことを、いわれることをしている。しかし、しておりながら、ぐずぐずいっているという、こういう姿でありました。

ある意味で私たちが新しく聞法会というものを始めましたいちばんの動機は、やはりそういうせずにおれないものは何なんだという、自分自身への問いということが動機になっておりました。そういう二つのことですね。こういうことに意欲がわかない。どうすれば意欲がわくかとかそういうことよりも、その意欲がわかない、しらけるということをもっと真剣に大事に受けとめていただきたいと思います。その思いをどこまで深く受けとめるか。そのとき全ては自分自身への問いとなって跳ね返ってくる。そのことを抜きにして、ただ何か意欲のわくようなことを始めるとしましても、それは結局、極端な言い方をすれば気晴らしに終わるのではないか、そういうことを感じもしております。こういう問題は本当に辛い問題でありますが、しかしその問題意識というものこそが、一つの扉になるということを私は自分自身教えられました。そういうことを念ずるといいますか、心に思うわけであります。

まとめの講義

一、寺がおかれている厳しい状況

このごろ、いよいよ寺の存在が厳しい状況に追い込まれているといいましょうか、一昨日もたまたまテレビを見ていましたら、アメリカ人が葬儀ビジネスで日本に来て、今東京に拠点を置いて商売をしているということでした。それが今度は名古屋に拠点を開くということで、名古屋に来ているということを取り上げていました。ともかくそこで、「葬儀ビジネス」という言葉が、普通に使われていたことに驚いたのです。

大阪の葬儀屋さんの話によりますと、現在では亡くなった人の二〇パーセントにあたる人々が葬儀をしない。葬儀をしませんから、もう法事もしない。どうするかというと、直ちに火葬場でお骨にし、それでそのお骨をもってそのまま家に帰って終わりとする。それで、そのお骨はどうするのかと聞きますと、墓地をもっておられる方から何度もお聞きしたことですが、人のお墓の横にお骨が置いてあるというのです。置いてあるといえば聞こえは良いのですけれども、実際は放置してあるわけです。さすがに、どこでもいいというわけにはいかないものですから、墓地を選んでそこに置いていくということのようです。それからもう一つ多いのは、電車の中ですね。お骨の遺失物というのが非常に多いのです。本当に遺失物であれば、電車の中に忘れたと慌てて取りにくるのでしょうが、実際は誰も取りにこない。ということは、忘れたのではなく、意図して置いていくということです。

今では、二〇パーセントの人が葬儀をしなくなったということなのですが、それ以外の葬儀をする人の中には、いわゆる自分流の葬儀を求めているということがあるのです。具体的には、寺というものを離れて、葬儀をするということです。

たとえば、結婚式などでも、人前結婚式というのが多くなってきました。仏式でもないし、神式でもない、ただ親しい人の前で、二人で誓いを立てる。そういう人前結婚式というのがよくあります。それと同じで、人前葬式をしようとする人が多くなってきたそうです。今は、デパートが葬儀ビジネスに本腰を入れていまして、従来からの葬儀屋は非常に深刻な状況にあるのだそうです。デパートが葬儀の分野に進出しまして、自分流の葬儀のコンサルトをする。そこで、いろいろと自分の希望をいいますと、それではこういう形にしたらどうですかと教えてくれる。そういう形で葬儀が行われますから、たとえ僧侶が呼ばれていても、それはＢＧＭみたいなものになってしまう。一つの雰囲気作りということでしかないのです。そこでは、もう教えと向かい合うなどという感覚は、まったく失われている。

また京都の寺などは、月参りが現実的には生活基盤になっているのですけれども、この月参りが非常に減ってきています。そういうものは勤めないという人が急速に増えてきました。サラリーマンが多くなり、その人たちの生活状況が拍車をかけているということがあります。どんどんそういう方向に動いています。そういうわけで、今まで寺が果たしてきた地域でのいろいろな活動、仕事が公共の施設、専門の施設に移されて、残ったのは過去帳とお墓だけだと、こういわれていたのですけれども、今ではその過去帳やお墓もなくなりつつあるという状況になっている。これは福岡でも非常に大きな形であらわれてきています。そういう中で、私たちは寺というものをどう受けとめ、どう歩んでいくのか。僧坊としての役目をどのように果たしていくのかということが、根本的に問い詰められているという思いがします。迫っている状況は、本当に大変な問題になってきているということがあります。

一方で、今は仏教ブームだそうです。今いいましたような葬儀の動きとは相反するようですけれども、仏教的匂いのする本がよく売れているということです。『文藝春秋』という雑誌でも、仏教入門という特集を組んでいました。書店にいきましても、ある意味では何宗とも、見ただけではわからないような仏教関係の方が書かれた、文化的というか、一般の人々の心を惹きつけるような題がつけられた書物が書店にとても多く並べられています。そういう中で本当に私たちが、仏教、特にこの真宗ということをどこまで自分自身が生きていくうえで必要としているのか。そういうことが、やはり最後は問われてくるのだと思います。私にとって本当に念仏が必要なのかという問題ですね。口にはしているけれども、はたして念仏がなければ生きていけないというような、そういうこととして私の中に、私を促してはたらいているのか。何かそういうことを、本当にあらためて自分自身に問うていかなければならないということを強く思います。

その意味で、何か一つの行き詰まりを感じてしまう。寺にいて、寺の仕事といいますか、寺の役割に意欲がもてないというような、あるいは白けてくるという感覚をもってしまう。それは、一つの歩みにおける行き詰まりということであろうかと思います。そういう行き詰まりをいかに打開するかということに、私たちはすぐ目や心が向いていくわけであります。

二、行き詰まりこそが道を開く

けれども、あらためて『教行信証』をいただいてみますと、いわゆる行き詰まりのない世界というものは、辺地懈慢の世界だと説かれているのです。その辺地懈慢の世界とは、一路平坦で、ある意味で思いのままに歩める世界なのでしょう。ですからこれは、ある意味では生き生きとしています。

『無量寿経』では、最後のところで、仏陀が阿難と弥勒の二人を対告衆として呼ばれて説法をされます。そこに、

「かの国の人民、胎生の者あり。汝また見るや、いなや」と。対えて曰さく、「すでに見たまえつ」と。「その胎生の者の処するところの宮殿、あるいは百由旬、あるいは五百由旬なり。おのおのその中にしてもろもろの快楽を受くること、忉利天上のごとし。またみな自然なり」と。（聖典八一頁）

とあり、「もろもろの快楽を受くること（受諸快楽）」ということが説かれています。

それからその次には、

その時に慈氏菩薩、仏に白して言さく、「世尊、何の因、何の縁なれば、かの国の人民、胎生化生なる」と。仏、慈氏に告げたまわく、「もし衆生ありて、疑惑の心をもってもろもろの功徳を修して、かの国に生ぜんと願ぜん。仏智・不思議智・不可称智・大乗広智・無等無倫最上勝智を了らずして、この諸智において疑惑して信ぜず。しかるに猶し罪福を信じ善本を修習してその国に生ぜんと願ぜん。」（聖典八一頁）

これは、第二十願成就の文というようにも読まれている一段です。そこに「仏智を了らずして（不了仏智）」ということ、つまり疑惑心が説かれます。

そして最後は、

> このもろもろの衆生、かの宮殿に生まれて寿五百歳、常に仏を見たてまつらず。経法を聞かず。菩薩・声聞聖衆を見ず。（聖典八一頁）

と、「三宝を見たてまつらず（不見三宝）」（聖典八三頁）ということが説かれています。

胎宮というのは、この「もろもろの快楽を受くること（受諸快楽）」、「仏智を了らずして（不了仏智）」、「三宝を見たてまつらず（不見三宝）」という三つでその本質を押さえられるわけです。

まず「受諸快楽」、自分の思いのままなる世界ということで、そこでは諸々の快楽を受ける。「疑城胎宮」は、なにか深刻な顔をしているかと思うと、そうではなくて、生き生きとその快楽を受けている世界です。「受諸快楽」ということは、つまり自分を問うことがない、自分が問われることがない、そういうことです。

そして「不了仏智」というのは、結局自分の思い、自分の善根をたのみとする在り方です。どこまでも自分の理知に立つ。理知に立って理知において生きていくという世界です。そしてそこでは、三宝を見たてまつらない。三宝を見たてまつらないということは、特に具体的な形としては、僧宝の問題で、つまり友です。僧伽をもたないということが、やはり、胎宮の人の致命傷であるわけです。ともかくそこでは、自分自身が問い返されることもなく、自分の思いを生きていく。だからそこでは、行き詰まるということがなく、自らの歩みに行き詰まりを感じないでいる。もちろんその道を続けていくあいだには、それこそ現実から批判されるということが起こってはきますけれども、その意識の上からいえば自分の歩みに何の問題も感じない。いわゆる自負心と自認の心です。自分はやっておるという、歩んでおるという心と、そして自分の歩みに対する自認の心で生きている。

そういう意味では、胎宮というのは特別な世界というより、私たちが私たちの自力において歩むとき、必ず陥る世界として押さえられているわけです。しかしそういうものが、何かの縁において行き詰まりを感じる。私たちは、その行き詰まりをどう解決するかということに意識がいくのですけれども、実はその行き詰まりこそが、道を開くのだということが押さえられてきます。つまり無碍(むげ)ということです。

『歎異抄』には、「念仏者は、無碍の一道なり」(聖典六二九頁)という言葉もあります。十字名号の「帰命尽十方無碍光如来」の「無碍」ということです。無碍というと、私たちは、それこそさわりなくスイスイといけると、このように思います。「念仏者は、無碍の一道」といいますと、どんな問題が周りに起ころうと、行き詰まることなく、妨げられることなくスイスイと歩んでいけると思っていますが、そういうことなのか。長い間、私にはこの無碍という言葉がわかりませんでした。

たまたま読ませてもらったのが、実は武満徹(たけみつとおる)さんの文章でした。武満さんは、世界的な作曲家といわれますが、私は音楽はさっぱりだめで、特に武満さんの音楽なんていうのは、いくら聞いてもわかりません。ただ私は、武満さんの文章が好きでして、随筆はいろいろと読ませていただきました。その中で武満さんが、「さわり」ということを取り上げておられました。この無碍の碍ですね。そこで、日本人というのは、非常にその「さわり」というものを大事にする民族だということをおっしゃっているのです。これは専門のことですから間違いのないことなのでしょう。

日本の伝統の楽器というものは、全部にその「さわり」が付けられている。尺八、琵琶あるいは笙(しょう)・篳篥(ひちりき)とかですね。全部中国、大陸から渡ってきたものですけれども、日本に入ってから大きく変わってくる。それは「さわり」を付けられたということ。「さわり」とは、つまり音を出にくくする。わざわざ音が出にくい構造にしてあるのだそうです。そのために、綺麗な音が出にくい。大陸にあっては、尺八でももっと音が明るい音色の、もっと吹きやすい楽器だそうです。琵琶にしてもそうだそうです。琵琶にしても大陸の琵琶は、だいたい糸を受ける山に糸が通してありまして、押さえるようになっているわけです。ところが日本の琵琶は逆だそうで、いわゆる山の上ではなくて、谷底に糸が渡してあるそうです。そうしますと、どうしても弦が周りに触れるわけで、そのために雑音が入ってしまう。それで、なかなか綺麗な音にならないわけです。尺八にしても、吹けども吹けども音が出ないというようになっている。何かそういう「さわり」が付けられている。

ところが、その「さわり」を通して音が出始めたとき、その音は深い音色になる。単なるリズム、メロディを刻むだけではなしに、そこに日本人は音色を聞くということがある。弾きやすい楽器というのは、メロディを弾いたりなんかするのにはそれでいいのでしょう。ところが、そこに「さわり」を付けることを通して、非常に深い響きをもつ音になる。そして、その音色を楽しむ。何かそういうことが、日本にはあるのだといわれています。

そしてさらに、そういう「さわり」という感覚は、たとえば芝居においても、さわりだけを見るということがいわれるように、いちばん劇が盛り上がるところをさわりとこう呼ぶわけですね。だいたい劇が盛り上がるところは、主人公が本当ににっちもさっちもいかないような問題にぶつかって、そこでそれこそ人間としての叫びをあげるという、そういうシーンです。そういうところを、わざわざさわりという言葉で呼んでいる。そういうことをいろいろあげられまして、武満さんは、日本人というのはそういうさわりというものを非常に大事にするということをおっしゃっているのです。

三、一切の有碍にさわりなし

親鸞聖人は、『浄土和讃』の「讃阿弥陀仏偈和讃」に、

光雲無碍如虚空　一切の有碍にさわりなし
光沢かぶらぬものぞなき　難思議を帰命せよ
（聖典四七九頁）

と、こうあるのです。無碍といったらさわりがないことだと思ったら、「有碍にさわりなし」と、こういう非常に微妙な言い方がしてあるのです。さわりはあるのです。いうならば、さわりのない人生などということはない。この人生、人間として生きていくうえで、必ずさわりに出遇う。しかし、「一切の有碍にさわりなし」と。これはどういう問題が出てきても結局そういう有碍において、それに縛られることも、挫けることもなく、進んでいけるということです。

それからもう一つ、あらゆる有碍が生かされてくるという意味ですね。つまりこの光雲のはたらきは、光雲という光と雲ということをもって、一つの仏法の世界が象られるわけですが、その仏法の光雲のはたらき、一切の有碍にさわりなしだということです。あらゆる有碍において、それをさらに機縁として光雲のはたらきがいよいよ深められ、いよいよ広げられていく。なにか、そういうニュアンスが説かれているように、私はあらためて思いました。

そういう有碍においてはじめて、その歩みが歩みとして深められ成就されていく。私たちは、その有碍がない時、そういう行き詰まりを感じない時は、必ず自分の思いのほうに道を曲げてしまっている。道を求めて歩んできたつもりが、気づいてみれば自分の思いを固めてきたに過ぎないということであります。いわゆる、聞法し実践するということにおいて、これはいつも勝手な言葉でいっていますが、結局蛇脱にしかならない。

禅宗では、蝉脱ということをいわれます。蝉の脱皮ですね。蝉の脱皮は、つまりその一点において、生き方、生きる世界が一変するわけですね。土の中で生きていたものが空を飛ぶ。木々の間を飛び回る。そういう虫になって生きる在り方に変わる。要するに回心ということが語られるわけで、それが蝉脱という言葉です。生き方、生きる世界が一変する。ところが私たちにあっては、ともしますと蛇脱でしかない。蛇の脱皮は脱皮をしても変わらないのです。生き方も生きる世界も変わらない。それどころか、今までより強固になっていくばかりですね。つまり聞法とかいろいろなことでも実践において、いよいよ自分の思いが固められていく。それによって、思いが突き破られるということになってこない。

しかし、さわりというものが、実は新しい世界を開いていく。そういうことがいえるのではないか。そのためには、行き詰まりというものを、新しい生き方、より広い世界へ歩み出すきっかけとして体験していく。その時に、やはり僧伽ということが大事になってくるのでしょう。

僧伽というのは、よき師、よき友です。よき師、よき友がなければ、行き詰まりは文字通り行き倒れにもなってしまう。足が出なくなるということがありますね。

帰依三宝ということでは、仏宝と法宝で完結しているわけです。法宝を覚られたのが仏でありますし、あるいは仏が説かれている内容が法宝です。ただこれで、自己完結したら「自性唯心に沈む」ことになる。ある意味でその自己完結した世界を破って出るものが、僧伽、僧宝です。

曇鸞大師の眷属功徳のところに、

> 遠く通ずるに、それ四海の内みな兄弟とするなり。
> （「証巻」聖典二八二頁）

と、「遠く通ずる」という言葉が置かれています。僧伽の問題は、遠く通ずるという課題をもつということがありましょう。その遠くというのは、自分の領分をずっと広げていくということではなく、あえていえば自分にとって最も遠い存在に向かい合うということでしょう。本願の言葉でいえば、五逆のものであり誹謗正法の存在です。さらに親鸞聖人は、そこに一闡提（いっせんだい）を加えられます。

今日の私たちにとって一闡提というのは、無関心・無感動・無気力という在り方として課題になっています。まさに仏法などというものに何の関心もない。しかし、その人たちとあるいはその人たちを、自分の内に抱えながら歩むということ。「遠く通ずる」というのは、そういう遠い存在を抱えながら歩むということでしょう。その時いつも、私の歩みが、その存在から問い直され続けていくということがあるわけです。帰依三宝ということにおいて、そういう僧宝という問題が、私には特に大事な問題として思われるわけです。そういう中で、私たちははじめて、自分の在り方そのものに問いをもつということが起こるわけです。

四、大乗の世界は諸仏遍領の世界

曇鸞大師は、こういうことをいっておられます。

もし一仏、三千大千世界を主領すと言うは、これ声聞論の中の説なり。もし諸仏遍く十方無量無辺世界を領すと言うは、これ大乗論の中の説なり。（『浄土論註』真聖全一、二八三頁）

つまり、小乗の教えというのは、一仏主領の世界です。ある意味で絶対化といってもいいのでしょう。確か曽我量深先生であったと思います。何か東南アジアのほうで、世界的な仏教徒の集まりがあったそうです。あちらは小乗仏教の国ですが、大事な法要であったのですが、その集まりの最中に出席しているあちらの僧侶の人たちがスパスパ煙草を吸っているというのです。びっくりして、あなた方は戒律をやかましくいわれるはずだけれど、こんな時に煙草を吸っても良いのかと聞いたら、釈尊は煙草を吸ってはいけないとはおっしゃっていない、といわれていたのだそうです。そういうことでしたと、曽我先生は話されていました。この一仏主領というときには、そういうことになりますね。あの方がおっしゃった、あの先生がおっしゃったと、それが基準といいますか、その言葉に生きるものだけの世界が生まれる。それはやはり、閉じられた世界になるわけです。

それに対して、「もし諸仏遍く十方無量無辺世界を領すと言うは、これ大乗論の中の説なり」と、曇鸞大師は、大乗の世界とは諸仏遍領の世界、諸仏が遍く平等に領する世界だと押さえられるわけです。このように、一仏主領ということと諸仏遍領ということに、小乗と大乗、個人性と普遍性ということを見分けておられる。そして、仏教というのは、諸仏遍領という世界を求め、願い、説いているといわれる。この諸仏遍領ということ、仏教の諸仏性ということは、これから本当にいわゆる思想にまで具体化しながら開いていかなければならない問題ではないかと、そういうことを感じています。

この「諸仏性」ということと、「真・仮・偽」ということが重要であると思っているのです。仏教が、この仮という概念をもっているということが、真か偽かという二極対立を超える世界を開いてくるのです。真か偽かという二極対立の世界では、これはもう対立するか、戦うほかないのでしょう。どちらが真か、我に正義ありという主張を、お互いがするわけです。我々の側に立つかテロの側に立つかと、全部二極対立です。我々の側でなければ、相手の側だと決めつけていく。それに対して三極といいますかね。真に生きるというほかに、生き方の多様性を見る。仮というのは具体性です。つまりある時に、ある所のものとしてというのが仮でしょう。つまり、具体的なものほど仮なるものなのです。具体的であるということは、時と所の限定がはっきりしているということだろうと思うのですけれども、そこに限りない移りゆきを見ていくと。真か、しからずんば偽かとか、俺の味方をしないものは敵だと、そういうことには決してならない。それこそ因縁の各別というものをそこに見ていく。それが、一つひとつの在り方を大事に見ていくということ。何かそういうことが、今伝えなくてはならないことではないか。諸仏という言葉、概念といいますか、それと仮という概念こそが、今現代という世に在ってこういういろいろな状況が出てきている時に、いよいよ大事な意味をもち始めているように思います。

いわゆる、私たち人類が出会っているいろいろな問題、その根っこに深く関わる問題として、私は諸仏性とか、真・仮・偽という三つに分けるとらえ方が重要だと思っています。現実のすべてを、真・仮・偽の三分化で押さえる。仮は具体性をあらわすわけですね。具体性をあらわす言葉として、仮。決して真から全てを批判し、切り捨てていくということではないわけです。そこに徹底して押さえられますものはとらわれですね。

蓮如上人の、『蓮如上人御一代記聞書』に、

たとい正義たりとも、しげからんことをば、停止すべき由候う。（聖典八七九頁）

という言葉があります。たといそれが正義であるとしても、自らの正義を、「しげからん」というのは固執するということ。我こそ正義の徒であると、我こそは正義に立っているものだと主張することは、「停止すべき由候う」。そのことを問い直し吟味すべきことだといわれているのです。

曇鸞大師は、「正道の大慈悲は、出世の善根より生ず」（『浄土論』聖典一三五頁）を解釈して、

「正道大慈悲出世善根生」とは、平等の大道なり、平等の道なればなり。名づけて正道とする所以は、平等はこれ諸法の体相なり。（『浄土論註』真聖全一、二八八頁）

といわれています。

その文の意味は、「平等の道を名づけて正道とする」（「真仏土巻」聖典三一四頁）ということですね。一つの立場として正道というものがあるのではない。すべての存在のうえに平等ということを成就する道こそが正道なのだと。人を選び、人を排除していくようなものは、決して正とはいえない。そういうことが、こういう言葉によって教えられてくるかと思います。

そういう言葉で、繰り返しいわれていることは、立っているところがどれほど正しかろうと、その正しさ、自分の立っているところの正しさというものに、固執しとらわれるならば、それは人を傷つけ自分をも失っていく、そういうことにしかなってこない。ですから、私たちの学

びというものも、そこで根本的に問われるわけです。

また、曇鸞大師は、

真実の智慧は実相の智慧なり。実相は無相なるがゆえに、真智は無知なり。(中略) 無知のゆえによく知らざることなし。

(「証巻」聖典二九〇頁)

ともいわれています。これは、真の智慧というのは無知だ。そして「無知のゆえによく知らざることなし」ということです。このように、真智は無知であり、無知であるがゆえによく知ることができる。繰り返し仏教の精神として押さえられているのです。

これはいわゆる、真智は無知に返るということで、いよいよ無知に返る。学ぶことによって、学び得た知識を身につけていくのではなくて、逆に学ぶことを通していよいよ無知に返らされる。裸の自分にいよいよ呼び戻されていく。そういう学び、そういう歩みをしたいということでしょう。私たちは、学べば学んだこと、実践すれば実践したことにとらわれ、そのなかで身につけたものによって分裂が起こり、対立が起こり、また自己固執というものが深まっていく。何かそういうものを破っていくものを、仏教は本当にいろいろな言葉を尽くして尋ねていかれたのではないのか。今日、人間はなしたこと、していることによって、人間が人間であることを失っていく、そういう在り方を、問い直す道を明らかにしておられるように思うのです。

五、感ずる心を失ってきている

「五感喪失」という言葉を、新聞で読みまして印象に残っていますが、現代人はそれこそ文化の発達とともに、いよいよ五感を喪失してきている。つまり頭だけで生きるようになってしまって、全身で感じる、全身で生きるという、そういう五感を喪失してしまった。もっといえば感ずる心を失ってきている。自分の知識というものはいよいよ深められてきているといえるかもしれないけれども、その学びにおいて、五感において素直に感じるということを忘れてしまった。

これは非常に印象に残りましたが、今年の元日の朝ですね、朝といっていいでしょうね、あの除夜の鐘の放送の後で、テレビで養老孟司さんと犬養道子さんとの対談がありました。犬養道子さんはご承知のように難民救済ということに生涯を尽くしてこられている方でございますが、その犬養さんがこういうことをおっしゃっておりました。難民の子どもたちが親を殺されて、一人何十キロ、何百キロと歩いてキャンプにまでよろよろと辿り着く。そしてその子どもたちをキャンプで迎え入れて、いろいろ治療もし、食べ物も与えられて次第に元気を取り戻していく。だけどそういう中で、その子どもたちは、人の口からファザー、マザーという言葉を聞くと必ず涙がぽろぽろとこぼれる。人の口からファザー、マザーという言葉を聞いたときに、難民の子どもたちは等しく涙を流すのだと。

ところで今、犬養さんは難民という状況から抜け出るためには、教育ということがやはり大事だと。教育をこの子どもたちにどうしてつけてやれるか。そこで今の時代はインターネットですね。インターネットを設置すれば、いろいろなことを学ぶことができるというので、インターネットの普及ということを今テーマに、犬養さんは運動を進めておられるそうです。ところがそのインターネットの画面でどれだけファザー、マザーという文字を目にしても決して泣かない。ファザー、マザーという文字を見ても泣かないその子どもたちが、しかし人の口から聞くときにはやはりぽろぽろと涙をこぼす。そういうことがあるということを、その対談で犬養さんがおっしゃっていました。どういえばいいんでしょうかね、大きな問題がそこにあらわれているように思います。

つまり今日、いろいろな面で本当に文化が発達し、便利な社会になってきたわけですけれども、便利になるということは、やはり基本的には人と人の間に機械が入り込むということだろうと思うのですね。機械の力でいろいろと手助けをしてくれて、こちらは楽なままにことがスイスイ運ぶ。それで、便利だなあということになるのでしょう。けれども、機械をはさむときには、五感が全体として働くということを失う。いよいよ何か頭、頭だけということでもないでしょうけれども、強いていえば、そういう方向にどんどんいってしまう。何か人間が人間であることを失っていくような、そういう状況がいよいよ進んできているように思います。

これについて、私はやはり、梶大介という方の言葉がまず思い浮かぶわけです。梶大介さんは、山谷（さんや）で生涯を生きられた。そしてその山谷の仲間と一緒にしか俺は救われんということで、その山谷に念仏の僧伽をということを願いとして生涯歩まれました。具体的なこととして炊き出しですね、毎年されています。全国の有志、大谷派の若い僧侶もだいぶ加わっていてくださるのですけれども、炊き出し運動をなさっています。ただその炊き出しを、梶さんは「炊き出しは私の弱さだ」というようにおっしゃっています。決して炊き出しは仲間を救わない。逆に一日立ちんぼして仕事をさがして、一日しんどい思いをして、やっと小銭を手に入れてそれで命をつなぐ。そういうことをしなくても、夕方になってあそこに並べば、食べ物が手に入ると。そういうことになって、仲間からそういう自立の心を奪い取ってきてしまっている。だからこの炊き出しというものは、決して仲間を活かすことになっていない。ただしかし、いま目の前で死んでいく仲間を見過ごしにできないから、それで私は今も炊き出しは続けているという言い方をしておられました。

そして、そこでこういうことをしていると、たくさんの人が全国から手伝ってやろうといって、山谷に来てくださる。だけれど、正直いって私は、そういう人は好きじゃありませんということをおっしゃるのですね。そうではなくて、この山谷の仲間たちが、こういうぶざまな姿をさらして、その全身で「人間って何なんだ」ということを問うているんだと。だからみなさんは、それぞれの場で、人間って何だという、その人間って何なんだという問いを受けとめ、それぞれの場でそのことをどうか明らかにしていってほしい。そのことがなければ、それこそ、そのときそのときの炊き出しとかですね、毛布をかけて回るとか、衣服を配るとか、それは結局何かというと弱さだと。これは根本の問いですね。

さらに梶さんは、こういうことをおっしゃっているわけですが、その具体的なことはどうでもいいということでは決してない。やはり具体的な関わり、具体的な問題を担って実践していくことを願わずにいられない、それは大事なことなんだと。だけれど、それへの関わりが常にどういう魂、どういう世界を呼び起こし、実現しようとするのかを明確にしていくことが大事ではないか。いろいろな具体的な行動は大事だと、だけどその問題の解決とかそういうことだけを追い求めるのでなく、その運動を通していったいどういう魂を呼び起こすのか、どういう世界を共に開いていこうとするのか。そういう問題をずっと担って歩み続けてほしいという、そういうことを梶さんはおっしゃっていました。

小さな体で、しかも肺気腫で酸素ボンベを引きずりながら最後までそういう問題をずっと歩んでいかれたわけです。何かその言葉が、私にはずっといちばん根っこに消えずにいるわけです。

我々は、今本当にこういう時代のなかに僧侶として衣を着ている。つまり、この世に教えがある、この世に道があるということを、世に向かって名のっているわけですから、その教え、その道はいったい人間をどう見るのか、人間というものをどのようにとらえていくのか。そしてどういう魂、どういう世界を呼び起こしていこうとしているのか。そのことを明らかにしていくことこそが、いちばん根本の緊急の課題ではないのかと感じているのです。自分自身にはっきりしないままで、このようなことをいっていて申し訳ないのですけれども、しかしそういう思いはいよいよ強くなってきています。

三、愚鈍の感覚

一、「愚鈍」として自らを問う

西谷啓治先生が、私たちの聞法会でお話しくださいまして、その時に、「仏教について思うこと」（『大地別冊Ⅷ』一九七一年）という講題でお話しいただきました。その中で先生が、特に教団について、あるいは教団にかかわって仕事をしている人々を見て思うことは「良心がないということだ」と、こういうことをいわれました。その時、西谷先生は私たちに向かって、「皆さんは仏教について学び、その知識を積み重ねておられるが、わが身というものをそこに据えて全体として見る時に、全体としてというのは、一人の人間としてのこの世を生きておる、その事実の全体でございましょうか。そういう全体として見る時に、現にこの社会に生きている一人の人間として自分を、仏法に生きている者、学んでいる者として振り返る時、不確かなものを自分に感じられるはずだ」

と、まあこういうことを指摘されまして、「その不確かなものをどこまでも問い続けるということがいちばん大事なことではないか」と、ご指摘くださっています。

そういう問いを失う時、必ず観念化に陥り、ひとつの自分たちの立場の絶対化とか、そういうことが始まってくる。それを特に良心ということで言いあらわすのは、人が誰も知らなくても自分自身は知っているという、そういう問題なんだと。不確かなものを抱えているということですね。それは人が外から指摘される、批判される、たとえそういうことがなくても、自分自身がいちばんよく知っている。そういう問題として、ずっと問い続けるということがいちばん大事なのではないかということを、おっしゃってくださいました。

これはこのごろ、宗正元さんがそのことを繰り返し問うておられるのですけれども、『教行信証』を見ていただきますと、そこまでいちいちいわなくてもいいのではないかと思うほどに、「愚鈍」とか「愚悪」とか「凡小」というような言葉が出されています。「総序」の文だけでも、

苦悩の群萌を救済し、（聖典一四九頁）

凡小修し易き真教、愚鈍往き易き捷径なり。（聖典一四九頁）

というように、「群萌」「凡小」「愚鈍」という言葉が出されています。そのような言葉は、さらに拾っていきますと、次から次へと親鸞聖人が自らのお言葉を述べられる時に、その名のり

をなさっておられます。

振り返ってみますと、私などは、やはりそこに書かれてある教えの筋道のほうがいつも気になりまして、そのことにしか目がいきません。そのために、「愚鈍」とか「愚悪」とか「常没流転の凡夫」という言葉を、ある意味で文章の、まあ極端にいえば飾りとしか見ないということがあるのです。ですから、その言葉に立ち止まって親鸞聖人が自らを「愚鈍」とか「愚悪」という言葉で押さえられる、そのお心というものを、本当に問い直したことがなかったのではないかと思っています。

そのように、教えの筋道ばかりが頭にありまして、まさにその「愚鈍」という言葉を素通りしているということは、西谷先生がご指摘くださいました言葉、そういう自らの不確かなものを素通りして、ただ教えを理解するということに、ほとんど関心が向けられてしまっていたことを思わずにおれないわけでございます。

しかもそういう言葉は、ただ自分を省みて頭を下げているというだけの言葉では決してないのでしょう。現代、人間としての在り方というものが尋ねられます時に、実はそういう「愚鈍」として自らを問うていく感覚というものが、今いちばん人間として大事な問題になっているのでないかと、そういうことを強く感ずるわけでございます。

二、精神の傲慢

これはこのところよく紹介させていただくのは、イタリアの哲学者で記号学の理論家として世界的な仕事をなさった人ですが、小説も書いておられるウンベルト・エーコという方がおられます。そのウンベルト・エーコという人が、人間としての在り方を失わせ迷わせる「悪魔」ということを、三つの言葉で押さえておられるのです。

①精神の傲慢
②微笑みを失った信仰
③疑いにとらわれたことのない真理

こういう三つの言葉で「悪魔」ということを押さえておられます。これが印象に残っているわけです。

最初に「精神の傲慢」とあります。これも、「傲慢な精神」ではないのですね。傲慢な精神といわずに、「精神の傲慢」という言い方がされています。ここに、私は何か大きな違いが押さえられているように思うのです。傲慢な精神といえば、やはりいろいろな精神の在り方の中で、特に傲慢な在り方をする精神という意味が強く表に出てくるかと思うのです。けれども、エーコはそうではなくて、「精神の傲慢」とこういわれる。その時には、おおよそ人間の精神というものは、その傲慢さを免れないという、そういうニュアンスを私はそこに感じるわけです。

傲慢な精神といえば、やさしい精神とかいろいろな精神があるのでしょう。そういういろいろな精神の在り方の中の、一つの在り方が取り上げられていることになる。そういうように私には思われます。それがそうではなくて、「精神の傲慢」と、こう言い切られている。まあ、精神とか理知とか理性とか、こういう言葉も年中使っているのですけれども、まことに曖昧な使い方をしているわけです。厳密にこう問われますと、いっこうにはっきりしないということがあるわけです。

この「精神の傲慢」という言葉を聞きました時に、私が思い浮かべたのは、最近東本願寺から出された、祖父江文宏さんの『悲しみに身を添わせて』という書物でした。そのいちばん最初に収められている文章は、祖父江文宏さんが亡くなる二か月前のものです。そのころには、病気のために肺の機能が一五パーセントしか残っていなくて、もうどれほどもつかわからないという身体で、同朋大学に新しく入ってきた若い人に記念講演をされたときのものだそうです。

自分自身の人生がもう残されていないということを見つめながら、若い人たちに、その意味では遺言を残していくような、そういう姿勢で語られているお話です。

その中で、このことだけはどうか覚えておいてくださいと、繰り返し念を押して祖父江さんが話されたことがあります。それは、親の子に対する虐待のことです。祖父江さんは、虐待という問題に生涯取り組まれた方です。虐待が起こると、多くの人はその母親なり父親なり、親が人間としての精神を失ったから、こういうことをしでかしたのだろうと、そういうようにとらえる人が多いと思う。いわゆる人間性を失って、その結果、我が子を虐待するというようなことが引き起こされてきたと考えられがちだと。ところが、実際はそうではなく、人間だから虐待するのだといわれているのです。

文章を読んでみますと、

人間は理性を働かせれば、つまり物事を識別し、それからその物事に人間としての価値を与えれば、人間は暴力から解放されていくのだと言ってきたのでしょう。だから虐待をした親たちは、ひょっとすると人間性を失ったのだとみんな言いました。しかし違います。虐待の後ろには必ず理知があります。人間であるからやるんです。このことをみなさんはどうか覚えておいて欲しいと思うんです。人間性を失うから暴力化するんじゃないのです。

人間というものを、いのちから離れて理知で生きようとするから、生まれるんです。このようにいわれています。

祖父江さんは、「虐待の後ろには必ず理知があります」ということを強くおっしゃっています。そこのところで、理知とか理性という言葉をどのように押さえるか。どのように受けとめればいいのかですね。

ここで感じることは、私たちがよく使う「理性」と呼ばれる言葉は、必ず自己中心だということです。常に自分の物差しで計っているわけで、そういうはたらきが自己中心にはたらく。そこでは、自分の物差しに合わないものを排除していくという傾向をもつ。そういうことが必ずある。

それはやはり、人間の精神は、本来、本質的に傲慢だということです。人間の精神というものを、問い返すことなしに生きるということがある時、必ず周りを自らの眼で判定して、決めつけて排除したり打ち壊したりすることが起こる。何かそういうことを、「精神の傲慢」という言葉で教えられるのです。

三、微笑みを失った信仰

それと同時に、エーコは「微笑みを失った信仰」といいました。これも難しい言葉ですが、直感的に何か感じますね。暖かみがなくなった信仰、その信仰というものに暖かみがない。一つの教えを立場にして、そこから断定されてくる、いわゆる教条主義的な在り方です。それは、人間を裁く信仰の在り方になる。こういう、いわゆる一神教の世界における在り方というものは、私たちにはとても想像もつかないものがあります。その中で、やはりこういう言葉が、いわれているということなのでしょう。

今、自分たちのところに引き寄せていいますと、「微笑み」という時には、たとえば弥勒菩薩の顔の表情が、私には思い出されるのです。微笑みを浮かべた弥勒菩薩の座像がございますね。ああいう顔の表情が、私には目に浮かんでくるのです。そこには深い悲しみが湛えられている。人間の愚かさ、人間の弱さ、そういうものに対して、深い悲しみをもちながら、しかも決して見放すことをしない。現実の人々の姿を受けとめ、それに応えるという心が表現されている。何かそういうものを感じるわけです。

つまり仏教で「大慈悲」といわれるのは、やはり悲しみですね。悲しみですから、その人たちの在り方を、やはりそのまま肯定するわけにはいかない。そこに深い批判をもち、また願いをもつということがあるのでしょう。深い悲しみをもちながら、決して見放さないという心が、「大悲心」という言葉だと思われます。その在り方を深く悲しむ。その意味では、厳しい批判がそこにあるわけです。しかし、決して見放さない。そういう心として「大悲心」という言葉が思われるわけです。そういう大悲心の微笑みというのは、どこまでも人間の弱さ、愚かさというものに寄り添いながら、決して見放さないというものなのだと思います。

平野修さんは、第十九願を、どこまでも人間に寄り添ってくださる願心と受けとめておられました。そして、第二十願を、どこまでも見放さない願心と受け取っておられました。そのように、どこまでも寄り添い見放さない、そういう心を「微笑み」という表現の中に私は感じるわけです。そういうものを失う時、教条主義、もっぱら教えに立って教えの言葉で裁くということが起こってくる。そういってもいいかと思うのです。

四、疑いにとらわれたことのない真理

そして最後には、エーコは、「疑いにとらわれたことのない真理」といっています。これは、問い直しをもたない真理の主張ということでしょう。問い直しをもたない在り方をする時には、必ずその真理性を絶対化していくということが起こってくるわけです。また真理の名において、それこそ人を二分し、裁くということも起こってくる。

その意味から、親鸞聖人の歩みを振り返ってみると、「後序」の文に、

信順を因とし疑謗(ぎほう)を縁として、（聖典四〇〇頁）

という言葉があります。「疑謗を縁とし」とありますが、この「縁」というのは、具体化していく条件というのが「縁」ということです。「因」が「果」に至るまでの、その「因」を「果」に具体化していくための条件、それが「縁」です。

つまり「信順」というものが本当に人を生かし、またこのそれぞれの時代社会の中に、生きた歩みとして開かれていく。そのためには疑謗を縁とするのだと、そういう問い返し。常に自らの在り方が問い返される。そういう問い返しの眼をもたない時、必ずそれは自己満足という

ところに陥る。

この「信順」と「疑謗」ということは、繰り返し出されてきます。たとえば『愚禿鈔』では、『阿弥陀経』の「難易」のところに、

難易に二とは、　一に難は疑情、
　　　　　　　　二に易は信心。
（聖典四二七頁）

とあります。ここでいわれている、「疑情」と「信心」というのは、「疑謗」と「信順」と同じことでしょう。

この『阿弥陀経』の「難易」というのは、親鸞聖人が『阿弥陀経』というものを五つの言葉で押さえられて、

『小経』に、勧信に二、証成に二、護念に二、讃嘆に二、難易に二。

勧信に二とは、　一釈迦の勧信
　　　　　　　　二諸仏の勧信

証成に二とは、　一功徳証成　釈迦に二あり。
　　　　　　　　二往生証成　諸仏に二あり。

護念に二とは、　一 執持護念　釈迦護念
諸仏護念
　　　　　　　　二 発願護念

讃嘆に二とは、　一 釈迦讃嘆に二
　　　　　　　　二 諸仏讃嘆に二

難易に二とは、　一 に難は疑情、
　　　　　　　　二 に易は信心。

（聖典四二六～四二七頁）

このように、「勧信」「証成」「護念」「讃嘆」「難易」と、五つの言葉で『阿弥陀経』というものが押さえられています。この中の「証成」「護念」「讃嘆」というのは、伝統的な、具体的には法然上人として伝統的に押さえられる言葉です。それに対して、前後の「勧信」と「難易」というのは、親鸞聖人が独自におかれた言葉です。

　これによって明らかにされていることは、『阿弥陀経』の全体が、この私に信を勧める「勧信」のはたらきをするものであり、勧められる諸仏の「証成」「護念」「讃嘆」による信心の歩みというものは、「難易」の内容である「疑情」と「信心」という二つの言葉によって押さえられるような、そういう姿で歩みが続けられていくということなのです。

　そのように説かれている、「一に難は疑情、二に易は信心」ということは、「後序」の文に照

らせば、「疑謗」と「信順」という言葉に重なるわけです。

また、「信順」と「疑謗」ということは、覚如上人の『式文』にも出てきます。

> また恒に門徒に語りて曰わく「信謗、共に因と為りて、同じく往生浄土の縁を成ず」と。（聖典七四〇頁）

このように、親鸞聖人がつねにご門徒に語っておられたとして、「信謗、共に因と為りて、同じく往生浄土の縁を成ず」という言葉が記されています。

また、曽我量深先生には、

> 真実浄土の歴史というものは、いわゆる信順と疑謗との常恒不断の戦いの歴史であった。
> （『親鸞の仏教史観』『曽我量深選集』第五巻、三九四頁）

という言葉がございます。浄土真宗というのは「信順と疑謗との常恒不断の戦いの歴史」だと。言い換えれば常に疑謗と向かい合い、疑謗に応えてきた歴史なのだと、そういうことをいっておられます。またこういう言い方もなさっています。

> 真剣なる信順者のある所には必ず懸命の疑謗者があり。
> （『親鸞の仏教史観』『曽我量深選集』第五巻、三九四頁）

疑謗者が全くいないといいますか、疑謗者と向かい合うということがない時、その信順というものは、ひたすら性を失うのでしょう。つまり濁るのです。自らの信順というものを絶対化していくような、そういう濁りが生まれてくる。常に疑謗と向かい合う。その疑謗というものは、言葉をもって直接迫ってくる疑謗もありましょうし、そういう言葉すらない、全く無視する形で存在している姿というものも深い疑謗ですね。

その、仏法を全く無視する形で存在している疑謗の代表が、一闡提といわれる存在でしょう。『無量寿経』には、

唯五逆と正法を誹謗せんをば除く。（唯除五逆　誹謗正法）

（聖典一八頁）

と説かれています。それに対して、親鸞聖人は『涅槃経』を引かれまして、難治の三機ということを明らかにされています。

「信巻」に、

それ仏、難治の機を説きて、

『涅槃経』（現病品）に言わく、迦葉、世に三人あり、その病治しがたし。一つには謗大乗、二つには五逆罪、三つには一闡提なり。かくのごときの三病、世の中に極重なり。

（聖典二五一頁）

とあります。このように、『涅槃経』に説かれてある一闡提を、常に重く受けとめておられる

のです。

「謗大乗」と「五逆罪」というのは、ある意味で真正面から仏教を批判し否定してくる人々でしょう。それに対して、まったく無関心という形で仏教を否定してくるのが一闡提です。信仰などというものには、まったく無関心で、それこそ、その日その日がおもしろければいいというような存在です。そういう感覚で生きている人々に向かって、そういう人々を無視して、我々は信心に生きるのだということがいえるのか。そういう人々の在り方に、深い問いかけ、問い返しを感じながら、いったい人間にとって信心とは何なのか。人間とはいったい何なのかと、そういう問いをそこに感じることが、やはり大切になってくるのでしょう。だからこそ、「信謗、共に因と為り」ということが、非常に強く押さえられてくるように思うのです。

それで、「信巻」というのは信心を吟味する巻ですが、その信心を吟味する時に、親鸞聖人は一闡提という、そういう人間存在というものを見据えておられるといいますか、受けとめて、その人々を受けとめる中で信心を吟味していかれた。そういうことがあるように思います。そういう視点を失う時、私たちの信心は、それこそ自己満足に陥ってしまうのでしょう。

五、身に纏っているものを問い直せ

先日、本山でお話しさせていただいたのですが、その時『無量寿経』「下巻」に説かれる、

汝、起ちて更に衣服を整え合掌恭敬して、無量寿仏を礼したてまつるべし。

（聖典七九頁）

という文を取り上げました。

『無量寿経』の「下巻」は、「衆生往生の因果」が説かれていると科文されていますが、そこには「三毒・五悪段」ということを通して、衆生往生の問題が論じられているわけです。今の言葉からあとが「智慧段」という言葉で呼ばれますけれども、このあとずっと出てくるのは、いわゆる「胎生」、「疑城胎宮」です。この胎生の問題というのは、いわゆる自己満足です。信心における自己満足、自己閉鎖といいますか、閉じられた在り方。そういうことが問題として取り上げられてくるのです。その前のところで、仏が阿難に改めて「汝、起ちて更に衣服を整え」といわれているわけです。

ここで、「起ちて」といわれているわけですが、これはあえていいますと、それまでの説法

の中に阿難は腰をおろしてしまっていたのでしょう。自らの深い驚き、喜びをもって、仏に「今日、世尊」と呼びかけて、そこから説き出された説法を、阿難はひたすらに聞いていた。その阿難が、そういう説法を身に受ける中で、いうならば、いつ知らず、その説法を答えとして握りしめるということが起こってきていたということが押さえられているのではないでしょうか。

そのように、仏の説法の中に腰をおろしてしまう。聞法ということが、聞法しているという事実の中に腰をおろすということが、私たちの場合は常に伴うわけです。それに対して「汝、起ちて」と呼びかけられる。「起ちて」ということは、もう一度根本的な問いに立ち返る。握りしめた答え、見いだした答えを捨てて、もう一度問い返すということが求められているということです。

その場合に、「更に衣服を整え」とこうあります。まあ普通に考えれば着崩れを直すということでしょう。着崩れているということは、聞法の中で、もう自分を問い直すという心を失った姿であるわけです。そういう着崩れている姿を整えて、もう一度座り直せという言葉として、この「更に衣服を整え」という言葉が読み取られるように思います。

ただどうも、もう一つ私には何かしっくりいかないものがあります。ただ単に、座り直して、姿勢を正してということなのかですね。そういう時に、たまたま読みましたのが、アランの『人生論』でした。その『人生論』の中に、「習慣は衣服である」という章がありまして、はっと思わされたわけです。この「衣服」というのは、要するにただ着ている服かというと、そういうものではない。おおよそ身に纏っているものすべて、裸の私がその身に纏っているものすべてを「衣服」とあらわされるのだと思います。だからもちろん、こういう着物類はもちろん衣服ですけれども、さらに広くいえば、時代や社会を身に纏って生きている。あるいは民族の歴史を身に纏って生きている。そしてさらにいえば、いろいろな伝えられた習慣ですね。そういうものを身に纏って私たちは生きているわけですね。その身に纏っているものすべてを衣服として押さえる。そういう文章がありました。その言葉を通して、この「更に衣服を整え」という言葉を受けとめ直してみたいと思いました。

　そうすると、「更に衣服を整え」ということは、私たちが今生きている時代、社会、歴史、そして風土、そういうものに身を包まれて生きているわけですが、その身を包んでいるものすべてを、もう一度問い直すということになるのでしょう。

　そして、「汝、起ちて」ということは、ただ単に自分の感覚、自分の思いで問いに起つということではなくて、改めて時代、社会、歴史というものを身に受けとめて、そこから問いを起こすということでしょう。個人的な感想としての問いではない。今、ここに、こういうものとして生きている。具体的にはこの時代に日本人として生きている。そういうものとして、さらには寺という場に身を置いていて、こういう衣を着て生きている。そういうものとして問い直せということですね。そういう意味が思われます。

ともかく、そういう問いが失われます時、真理というものは人々を目覚ませるはたらきをするのではなくて、逆に眠らせる。こういう「疑いにとらわれたことのない真理」というものは、人を眠らせる。結局、悪魔であるという言い方をされるわけですね。そういうことが、悪魔の問題として押さえられている三つの言葉として、そこに指摘されているように思います。今、本当に、もう一度私たちが帰らなければならない、あるいは問い直さなければならないのは、親鸞聖人が「愚鈍」とか「愚悪」という言葉で常に自らを名のられているということです。

たまたまウンベルト・エーコという人が、人間としての在り方を失わせる「悪魔」を、①精神の傲慢、②微笑みを失った信仰、③疑いにとらわれたことのない真理、という言葉で押さえているわけですが、ある意味でこの三つのことが今日のいろいろな問題を引き起こしている根っこにあると思われます。それに対して「愚鈍」という自覚が、どういうことを私たちに教えてくるのかですね。何かそういうことが、改めて私にとって問題になっているのでございます。

六、真実に触れて自己の不真実を知る

「愚鈍」とか「愚悪」とか「凡小」という名のりは、いわゆる教学の言葉でいえば「機の深信」といわれるものです。「機の深信」ということを聞きますと、何か暗い顔をして頭をかかえてというイメージを、かつてもったことがありました。しかし、そういうことでは決してないわけですね。

「信巻」の最後に、曇鸞大師の『浄土論註』の、いわゆる「八番問答」というのがあげられています。これは「願生偈」の一番最後に、

普くもろもろの衆生と共に（普共諸衆生）　（聖典一三八頁）

と説かれているのですが、その衆生とはいかなる衆生かという問いを曇鸞大師が起こされて、その問いを展開していかれたのが「八番問答」と呼ばれるわけです。

その「八番問答」の最後の八番目の問答に、有名な譬えがあります。

蟪蛄春秋を識らず、伊虫あに朱陽の節を知らんや、と言うがごとし。知る者これを言うならくのみと。　（「信巻」聖典二七五頁）

こういう文章です。蟪蛄（けいこ）というのは、ツクツクボウシのことです。ツクツクボウシは、夏に生まれて夏に死ぬ虫ですから、春や秋を知らない。でも私たちは、ともしますと、夏専門の虫でありますから夏のことはよく知っていると思うのですけれども「伊虫あに朱陽の節を知らんや」と。伊虫（いちゅう）というのは、指示代名詞ですね。この蟪蛄、ツクツクボウシがどうして、「朱陽の節」、夏という季節を知っておろうか、知っているはずがない。「知る者」つまり春秋を知るものが、今は夏という季節だということができるだけである。こういう言葉です。春秋を知らないものに、夏という季節はわからない。自分は夏の虫だと知るということは、それは春秋に眼（まなこ）が開かれた時、はじめて自分の生きている季節がどういう季節なのか、そのことに目覚める。つまり全体に眼が開かれなければ、自分というものの分限というものはわからないわけですね。分限を自覚するということは、全体に眼が開かれているということにおいて、はじめて私のうえに開かれてくることなのです。

ですから、これは別に「機の深信」を譬えたということではありません。最初にありますようにに、念の多少、念について「一念」とか「十念」という言葉についての問いのところで出されてておるわけですけれども、私には分限の自覚とよくいわれるそのことの姿が、最も端的にあらわされた譬えであるように思われるわけです。

つまり「愚鈍」ということは、真実に触れなければ「愚鈍」という自覚をもつはずがないのです。私たちには、どこまでも自己固執というものがありますし、自分で自分の思いをどれだけいじくりまわしても、そこに「愚鈍」の目覚めはありえない。真実に触れる時、はじめて自己の不真実ということが思い知らされてくる。

親鸞聖人は、本願の三心をあげられるところで、一つひとつ自らの真実ならざることを、あらためて受けとめておられます。

「至心釈」で、本願の「至心」を明らかにされるところでは、

> 仏意測り難し、しかりといえども竊かにこの心を推するに、一切の群生海、無始よりこのかた乃至今日今時に至るまで、穢悪汚染にして清浄の心なし。虚仮諂偽にして真実の心なし。
> （『信巻』聖典二二五頁）

と押さえられています。そして次の「信楽釈」では、

> しかるに無始より已来、一切群生海、無明海に流転し、諸有輪に沈迷し、衆苦輪に繋縛せられて、清浄の信楽なし。法爾として真実の信楽なし。（『信巻』聖典二二七～二二八頁）

と、やはり「信楽」というものに触れることにおいて「清浄の信楽なし」「真実の信楽なし」ということが押さえられています。さらに「欲生心釈」では、

しかるに微塵界の有情、煩悩海に流転し、生死海に漂没して、真実の回向心なし、清浄の回向心なし。（「信巻」聖典二三二頁）

とあります。このように、「三心」において一つひとつそういうことが押さえられているのです。それはやはり、真実というものに触れるといいますか、目覚めることにおいて、自己の不真実ということがはじめて自覚されてくる。そういう姿を、おのずとあらわしているといっていいかと思います。

七、願力に呼びさまされて

親鸞聖人が書かれた『教行信証』の、いちばん大きな問題というのは、やはり「教・行・信・証」という次第、特に「行・信」という次第だと思います。

一般仏道にあっては、やはり「教・信・行・証」ですね。そのとき信は尊信であって、教えを教えとして尊ぶ信です。大事なことは、それをどこまで身に実践していくかということ。その実践によって証を勝ち取る。こういう次第が、「教・信・行・証」です。この時の「行」は、どこまでも個人的な修善修行という意味をもつわけです。そのような一般的な仏道理解に対して、親鸞聖人は、「教・行・信・証」と次第を変えられたということです。

「行巻」には、

しかれば真実の行信を獲れば、心に歓喜多きがゆえに、これを「歓喜地」と名づく。
(聖典一九〇頁)

この行信に帰命すれば摂取して捨てたまわず。かるがゆえに阿弥陀仏と名づけたてまつると。これを他力と曰う。
(聖典一九〇頁)

おおよそ往相回向の行信について、行にすなわち一念あり、また信に一念あり。
(聖典一九一頁)

とありまして、ずっと「行・信」という次第で押さえられています。ですから「行・信」という言葉が、非常に大事な意味をもつわけです。

ただし、親鸞聖人は「信・行」という次第をまったくいわれないかというと、決してそうではありません。「信巻」の「真仏弟子釈」と呼ばれる一段ですが、そこに、

「真仏弟子」と言うは、「真」の言は偽に対し、仮に対するなり。「弟子」とは釈迦・諸仏の弟子なり、金剛心の行人なり。この信・行に由って、必ず大涅槃を超証すべきがゆえに、「真仏弟子」と曰う。
(聖典二四五頁)

と、ここに「信・行」という次第の言葉があげられています。

親鸞聖人にあって行というのは、どこまでも法が流布（るふ）していく歩みで、流布行です。我々個人が、何かそこに道を選び、自ら決意して歩みをおこすというような行為ではない。そうではなくて法の歩みですね。法というものは流通（るづう）するという言い方がされていますが、流布していく。ただ法が流布しているということは、これは釈尊の言葉にありますように、私が説こうと説くまいと変わることのない真実ということですね。ただ法の流布を証明するといいますか、具体的に現実化していくものは人です。その流布に目覚め、その流布している法を受けとめて、その法に生かされていく。そういう姿を通して、法の流布ということが証しされていくのです。『阿弥陀経』において、諸仏が「証成」「護念」「讃嘆」される。その「証成」というのは、まさに流布している法を証しする姿ですね。ですから「証成」「護念」「讃嘆」するということは、そこに諸仏、広げていえば善知識という存在が押さえられているわけです。

村上華岳（むらかみかがく）という画家がおられました。この方は、いわゆる仏教画・仏像・菩薩像など、すぐれた作品を残しておられる方です。この方の言葉に「製作は密室の祈り」という言葉があるのです。つまり画家というのは、外に出てスケッチをしてくる。いろいろな姿をスケッチしてくる。それを一つの作品にまで仕上げていく時には、密室に籠って、スケッチしてきたものを通して、自らが描かずにいられないようなものにまで昇華していく。それを、「願い」「祈り」という言葉で村上さんはいっておられます。そういうことを通して、はじめて一つの作品になる。そういうことを、「製作は密室の祈り」といっておられます。

私は、親鸞聖人における参籠ということが、なかなかわかりませんでしたが、参籠という意義を尋ねていた時に、この言葉に出会いまして、何かひとつこういうことではないのかと思いました。親鸞聖人が参籠されたというのは、人生の岐路に立ち、大きな問題を抱えて参籠される。そしてそこで夢告を感得される。それはちょうど、スケッチしてきたものをもって製作する部屋に籠る。そしてそこで、自分の祈りにまで具体化していく、また掘りさげていく。そのために密室に入るということと重なる事柄ではないかなということを感じたのです。

村上華岳という方は、「線の行者」ともいわれる方です。仏像を描くときは、線がいのちです。その線を描くことに生涯をかけられた。そういう意味で、村上さんのことを「線の行者」と、その世界の人は呼ぶのだそうです。そのことについて村上さん自身は、「線を引くということは、画家にとって決して出鱈目でない。……与えられた画面に対し、「必然かくあらねばならぬ」という決定的自信を以て引かるべき線なのである。……この決定をするは、画家の美を探求する能力から生まれて来る。その能力、そしてその神秘が白い画面にここへ線を引けよと命令するのだ」（『畫論』「線と畫」）と、こういう言い方をされています。ちょっと聞きますと、何か神秘的な体験をいわれているように感じるわけですが、そういう単なる神秘的な体験ということではないのでしょう。

ちょうどそのころに、たまたまマルティン・ブーバーという宗教学者の文章を読んだのですが、そこに同じようなことが書かれていたのです。「芸術の永遠に変わらない起源は、ある形姿が一人の人間に向かい寄り、彼を通して作品となるのを欲するということである」。こういう言い方をされていました。「一つの形が一人の人間に歩み寄り、その人を通して一つの作品になるということを欲する。その形姿は彼の魂の生み出したものではなく、彼の魂に歩み寄ってその作用力を要求するところの現象である」。まずそういうことをいわれまして、さらに「製作とは創造であって、造り出すということは見いだすことである。造形は顕わにすることである。私は具現することによって開顕する」と。

『教行信証』の場合でも、まず「顕浄土」、そして『無量寿経』の説法の中においても「顕」という言葉が繰り返し出てきます。私たちは、教化ということをいいますけれども、『無量寿経』において、いわゆる転法輪ということが仏陀の生涯の最後のところで押さえられてきます。その転法輪ということをあらわすのに、

道意無量の功徳を顕現して、（顕現道意無量功徳）（聖典四頁）

とあります。つまり教化するということは顕現すること。一人ひとりが身に受けている道意の、無量功徳であることを顕現すること。そういう「顕」という言葉が、常に使われてきます。その「顕」という言葉は、ちょうどブーバーがいわれます具現することによって開顕する、身に受けることによってそのはたらきをあらわにしていく、そういう顕現ということと重なると私は思います。そしてそこに何か、人に向かって近づいてきて、そしてその人を通して作品となるのを欲するという、そういう言い方。これはまた強引な言い方になるかもしれませんが、回向という問題を受け取る糸口を、そこに感じるわけです。

　これはつまり法の流布です。流布してきた法が、一人の人間に向かって、それこそ向かって寄っていく。その流布してきた法が、その人を通して一つの作品となるのを欲する。願力回向ということは、一人の人間がその願力に満たされ、その願力に生かされていく。その事実を通して流布していく。流布している法というものが、あるいは願力というものが顕現されていく。何かそういうはたらきですね。そこにまず、法の展開として行信がある。法が一人の人間のうえに歩み寄って、そして一人の人間の身を通じて具現していく。そこに行が一人の人間の信となって具体的にはたらく。そして今度は、その信として受け取った人が、その身の事実を通して法を伝えていく。我が身を満たした法というものを、広く流布せしめていく。

そういう一つの展開があるのです。行が信になる。つまり一人の人間の身の事実となり、その一人の人間の身の事実となった信が法というものを広く流布せしめていく。これが「行信・信行」という展開ですね。法の上からいえば行信、それが私たちのうえに具体化してきたその姿を通してみますと信行。つまり一人の人間の信、一人の人間に成就した願力、それを通して私たちもまたその願力に呼びさまされていく。そういう展開が一つ、そこには押さえられてくるかと思うわけです。

八、論主の回向門

これは、『教行信証』には引文されていないのですけれども、「回向」ということについて、『浄土論註』において曇鸞大師が、「論主の回向門」(『浄土論註』真聖全一、三〇七頁)という言い方をしておられます。いわゆる五念門ですね。天親菩薩が願生の歩みを「礼拝門」「讃嘆門」「作願門」「観察門」そして「回向門」と、五つの門として展開されているわけです。そしてそれを曇鸞大師が一つひとつ押さえて受けとめていかれます。

そのうちの前の四つには、「論主の」という言葉はないのですけれども、「回向門」のところだけに「論主の回向門」という言葉使いをなさっている。いわゆる講録などでは「天親論主があきらかにされた回向門」、そういう意味でこの「論主の回向門」という言葉が解釈されています。しかしそれならば、なぜ前のほうは「論主の」といわれないのか。前の四つも天親論主があきらかにされた「礼拝門」であり、「讃嘆門」「作願門」「観察門」なのです。つまり、五念門の全部が、天親論主によってあきらかにされたのです。それにもかかわらず、前の四つではそういう言い方をされずに、最後の「回向門」にだけ「論主の回向門」といわれているわけです。

その意味を考えてみますと、天親論主の回向門というのは、『浄土論』そのもので見ていただきますと、

> いかんが回向する。一切苦悩の衆生を捨てずして、心に常に作願す、回向を首として大悲心を成就することを得たまえるがゆえに。（聖典一三九頁）

という文です。ここで、「回向を首として（回向為首）」と天親論主がいわれています。この「首」というのは、「はじめ」という意味です。ですから、「回向をはじめとなす」という意味になります。ただし、「はじめ」といいましても、ただ単に順序次第のうえでのはじめという

ことではないのです。「首」という字が使われています。この「首」というのは、直接いのちにかかわる。「首」を失えば、死に至るわけですね。首を斬りましたら、いのちも終わりです。首というのはいのちに直接かかわる。ですから「回向為首」というのは、単に回向をはじめとなすという順序次第でのはじめではなくて、回向門においてはじめて、五念門が願生道としてのいのちを与えられているということなのです。「回向門」は、いちばん最後なのですけれども、実はその「回向門」が「五念門」のすべてを願生道として、いのちあらしめている。そういう意味が「回向為首」ということだと思います。

「正信偈」に、

広く本願力の回向に由って（広由本願力回向）（聖典二〇六頁）

とあります。これも「回向」によってすべての道が仏道としていのちを与えられてくる。そういう意味で「回向門」をもって「為首」とされているので、曇鸞大師は「論主の回向門」というように「回向門」のところだけに「論主の」と、こういう言葉をおいておられるのでしょう。五念門のすべてが、天親論主の明らかにされた五念門ですけれども、特に「回向門」のところに「論主の回向門」と、こういう意味を見いだされたことによって、こういう言葉がわざわざ置かれている。あえて説明をしますと、そういうことが思われます。

それにしてもなぜ「論主の回向門」とそういう言い方になるのかですね。それこそ「正信偈」のように、「広由本願力回向」という言い方になってもよさそうなものです。その言葉のもっている意味ということについて教えてくれましたのが藤元正樹君です。

この曇鸞大師がわざわざ「論主の回向門」といっておられる。日本語読みにしますと「の」という言葉を入れるから、論主が明らかにされたとかそういう意味にとられるのですけれど。つまり曇鸞大師にとっては、天親菩薩がお説きになったその言葉において「回向門」ということを聞き取っておられるのではなくて、論主の存在そのものに回向のはたらきを感じ取っておられるのだと教えてくれました。

天親論主は、ひたすらに願生道を求め歩んでいかれた。その歩みの姿が、そのまま「回向門」というはたらきを、私にまでおよぼしてくださっている。その存在そのものが、信が行を開く。天親論主の信が、そこに回向の法というものを開いてくる。「真仏弟子」とは、そういう意味で我が身に流布しているものを顕現する。顕(あら)わに現(あらわ)す。そこに「真仏弟子」という意味も見いだされてくるのであって、何か特別に自分の力で伝えるとかそういうことではない。そこに流布してきたものに身を満たされる。その身を満たしたものが、その身の事実を通してはたらいていく。

信心の問題が展開されているのは、第十八願、第十九願、第二十願ですね。そして第二十二願が還相回向。その間に第二十一願というのが、ポツンと入っているわけですね。信心の願の、その展開がそのまま、第二十二願というところに展開しても、そのほうが自然のように思えるのですけれども、あいだにポツンと第二十一願の「具三十二相の願」という願が置かれている。これはやはり、身の事実にまで満たされた姿でしょう。その身の事実にまで、その存在に満たされたものがはたらいていく。そこに還相回向への展開があるのです。何かそういう展開ということも、「論主の回向門」という、そういう言い方に通じる意義を感じるわけです。

九、我々の回向でなく仏の回向

『教行信証』「信巻」に『浄土論註』の中の回向門の文が引かれています。

『浄土論』（論註）に曰わく、「云何が回向したまえる。一切苦悩の衆生を捨てずして、心に常に作願すらく、回向を首として大悲心を成就することを得たまえるがゆえに」とのたまえり。回向に二種の相あり。一つには往相、二つには還相なり。往相は、己が功徳をもって一切衆生に回施したまいて、作願して共にかの阿弥陀如来の安楽浄土に往生せしめたまうなり。還相は、かの土に生じ已りて、奢摩他・毘婆舎那・方便力成就することを得て、生死の稠林に回入して、一切衆生を教化して、共に仏道に向かえしめたまうなり。もしは往・もしは還、みな衆生を抜きて生死海を渡せんがために、とのたまえり。このゆえに「回向為首得成就大悲心故」と言えり、と。已上

（聖典二三三頁）

このように全文が引かれています。

それに対して「行巻」には、

「いかんが回向する。一切苦悩の衆生を捨てずして、心に常に作願すらく、回向を首として大悲心を成就することを得たまえるがゆえに」とのたまえり。回向に二種の相あり、一つには往相、二つには還相なり。往相は、己が功徳をもって一切衆生に回施して、作願して共に阿弥陀如来の安楽浄土に往生せしめたまえるなり、と。抄出

（聖典一七〇～一七一頁）

と、往相の部分だけが引かれています。

そして、「証巻」には、

『論註』に曰わく、「還相」とは、かの土に生じ已りて、奢摩他・毘婆舎那・方便力成就することを得て、生死の稠林に回入して、一切衆生を教化して、共に仏道に向かえし

むるなり。もしは往、もしは還、みな衆生を抜いて、生死海を渡せんがためなり。このゆえに「回向を首として、大悲心を成就することを得たまえるがゆえに」(論)と言えりと。

(聖典二八五頁)

ここには、還相の部分だけが引かれています。

このように、「行巻」には往相の部分を、そして「証巻」には還相の部分をと、分けて引いてある。そして、「信巻」には、『浄土論註』の回向門の全文があげてあるわけです。これにはどういう展開があるのでしょうか。

これと同じように、分けて引文してあるというのが、『無量寿経』下巻の第十八願成就文です。その全文は、

あらゆる衆生、その名号を聞きて、信心歓喜せんこと、乃至一念せん。心を至し回向したまえり。かの国に生まれんと願ずれば、すなわち往生を得て不退転に住す。唯五逆と誹謗正法とを除く。

(聖典四四頁)

というものです。それを親鸞聖人は、「信巻」で、

本願信心の願成就の文、

『経』(大経)に言わく、諸有の衆生、その名号を聞きて信心歓喜せんこと、乃至一念

せん、と。已上　（聖典二二八頁）

と、前半部分を「本願信心の願成就の文」として引かれ、そして後半部分を、

ここをもって本願の欲生心成就の文、
『経』（大経）に言わく、至心回向したまえり。かの国に生まれんと願ずれば、すなわち往生を得、不退転に住せんと。唯五逆と誹謗正法とを除く、と。已上　（聖典二三三頁）

と分けて引かれているのです。

このように、親鸞聖人は、第十八願成就の文を二つに分けて引いておられ、前半を「本願信心の願成就の文」と呼ばれ、後半を「本願の欲生心成就の文」とされました。第十八願成就の文は、

あらゆる衆生、その名号を聞きて、信心歓喜せんこと、乃至一念せん。心を至し回向したまえり。かの国に生まれんと願ずれば、すなわち往生を得て不退転に住す。唯五逆と誹謗正法とを除く。（聖典四四頁）

というものですが、実は、親鸞聖人は、ここで独自の読み方をしておられます。

親鸞聖人は、「信心歓喜せんこと、乃至一念せん。心を至し回向したまえり」と読まれていますが、これは普通に読みますと、「信心歓喜せんこと乃至一念までも至心に回向して、彼の

国に生まれんと願ず」という文なのです。それを親鸞聖人は、「乃至一念」のところで切ってしまって、「乃至一念せん」と、ここで止めてしまわれた。そしてそこまでを、「信心の願成就の文」と呼ばれているわけです。そして、「至心回向」から後を、「欲生心成就の文」として引かれているのです。

親鸞聖人が、どうして第十八願成就の文を二つに分けて読まれたのかということですが、それはもちろんそこには願力回向ということを押さえられているのです。「乃至一念までも至心に回向していい」という読み方を退けられて、「乃至一念せん」とそこで切って、そして「至心回向」を我々の回向ではなく仏の回向だということをあらわすために、「至心回向したまえり」と、このような読みで示されているということがあるわけでございます。

十、信心歓喜に腰をおろす

しかしなぜそういう展開が押さえられるのかということを私なりに感じておりますのは、信心歓喜ということが直ちに願生彼国、願生心に直ちに展開するということになるならば、胎生という問題、疑城胎宮という問題は起こらないのでしょう。身に成就した信心が、私をして願生者として歩ましめるという、そういうことが直ちに開かれてくるなら、胎宮ということは問題にならないのでしょう。しかし我々においては、信心歓喜に満足するということがあるのです。信心歓喜というところに、それこそ腰をおろしてしまう。いわゆる獲信の喜び、よき人に遇ってそこに信心を獲た。その喜びは深く大きいものですね。しかしそれだけにいつ知らず、そこに腰をおろしてしまう。腰をおろすといいますか、よき人にもたれかかるということが起きてしまうのです。

曽我量深先生は、

如来の宗教は人生の逃避ではない。人生の逃避者は釈尊や親鸞の方に行かんとする人達である。されど聞け、釈尊は「行け」と命じ給う。もしそれ釈尊にして「我に来れ」と命じたとすれば、それは教主善知識でなくて悪魔である。

（「出山の釈尊を念じて」『曽我量深選集』第三巻、一二一頁）

と、こういう言い方をなさいました。もし釈尊や親鸞にして「我に来れ」とこうおっしゃるならそれはもう悪魔だと。そうではない、「我に来れ」とおっしゃるのではない。行けとおっしゃるのだ」といわれます。

私たちは、親鸞聖人や釈尊の後ばかりを追いかけている。それは求道という姿をとっても、自分の人生からの逃避にすぎない。それは、よき人のもとに逃避しているということに変わりない。釈尊や親鸞聖人は、私の前に立っておられるのではない。後から追いかけてこられるのだ。私の後から「行け」と勧めながら、私を押し出してくださるのが、釈尊、親鸞というよき人の姿である。ところが我々はその言葉において、自らの一歩を踏み出すのではなくて、そのよき人のもとに居座ろうとする。自分なりには、ひたすら聞いていこうという思いでいるわけですけれども、結果としてはそこに逃げ込み、もたれかかってしまうということが、免れがたく起こるわけです。自分の信心の中に腰をおろして、そして閉じこもる。そういう、信心の閉鎖性といいますか、閉じられた在り方に陥ってしまう。

そういうものを破るものは、もちろんよき人の発遣の言葉ということがあるわけです。それと同時に、回向門ですね。回向門の文に、

一切苦悩の衆生（しゅじょう）を捨（す）てずして、　（聖典二三三頁）

とあって、それを成就するために、

回向に二種の相あり。　（聖典二三三頁）

と往相回向と還相回向があると説かれ、そして、往相回向のところでは、

共にかの阿弥陀如来の安楽浄土に往生（おうじょう）せしめたまうなり。　（聖典二三三頁）

といわれ、還相回向のところでは、

共に仏道に向かえしめたまうなり。（聖典二三三頁）

といわれています。このように、往相にしても還相にしても、どちらにも「共に」ということがいわれ、「共に」ということが繰り返していわれているのです。

信心歓喜は、まさに一人ひとりのしのぎです。一人ひとりがその身をあげて、そこに聞き取るということがあるわけでしょう。けれども、そのことがともすれば、その喜びの中に落ち着いてしまう。それを破るものとして、こういう「一切苦悩の衆生を捨てずして」という言葉が置かれ、その一切苦悩の衆生と共にということが願われてあるのです。「共に」ということがなければ、国なんか求める必要がないのでしょう。自らの心の喜びに満たされていればいいのですから。

「一切苦悩の衆生を捨てない」というのは、私には「苦悩の中にあるすべての人々」ということだと思われます。

十一、衆生の現実から遠ざかっている

「一切」というと、思い出されるのが、アメリカで同時多発テロが起こった時、アメリカでは、それこそ一挙に愛国心というものが燃え上がり、国中が星条旗で満たされたということがありました。そういう中で、学校教育の場でも、愛国心をかき立てるようないろいろな授業が行なわれたわけです。ある小学校では、国旗について作文を書かせるということがあったそうです。そうしたら一人の少女が、「布切れは大事にするけれども、一人のホームレスは大事にしない」と、そういう意味の文章を書いたわけです。確かシャルロッテさんといったと思いますが。これを先生が問題にして、「このクラスには愛国心のない者がいる」といって、その作文を突き返したのだそうです。その子は、非常に落ち込むわけです。

その子のお母さんは、市民運動をされているそうですが、その方がシャルロッテさんに、「それなら、市民運動の会に来て自分の気持ちを皆さんに聞いてもらいなさい」と勧める。それでシャルロッテさんは、お母さんの参加している会に出て話をするのです。そこでシャルロッテさんは、「どうかこの私をよく見てください。私と同じ年頃の子どもたちがイラクでたく

さん死んでゆくんです」と。その一人ひとりの名前をあげて、「運が良ければ○○ちゃんのように一気に吹き飛ばされて死ぬことができるでしょう。しかし運が悪ければ○○ちゃんのように瓦礫に押しつぶされて、じわじわと殺されていくでしょう」、「○○ちゃんは、こういう病気になっているんだけれども、わずか二万円ほどのお金で買える薬を手に入れることができず、死を待っている」と。こういうように、一人ひとりの名前をあげて話していった。そして、子どもたちは何もできないんです。何もできない子どもたちが、結果をすべて受けていかなくてはならないのです。そういう悲しみを、この私と同じ子どもたちが今イラクで受けていますと、そういう言い方で話しているのですね。

つまり、十把一絡げではないのですね。一人ひとりを見つめて、一人ひとりのいのちをかけがえのないいのちとして受けとめて、そのいのちが奪われていくというその悲しみの中で、「すべての子どもの」ということをいっているわけです。私たちは、この文においても「一切苦悩の衆生を捨てずして」というと、「一切苦悩の衆生」を漠然と概念化してしまいます。そして逆に、こういう言葉で衆生の現実から遠ざかっているということがあるのです。

『華厳経』の「十地品」に、「七地沈空の難」ということが説かれています。七地というのは、一つのさとりを身に受ける。先ほどの本願成就の文にあえて重ねていえば、信心歓喜の境地に入るわけです。その時に「沈空」が起こるのです。それは、もはや獲べきものを得たという思いによってです。その思いによって、新たな一歩が踏み出せない在り方に陥る。「沈空」という言葉で、求むべき法もすべて求め終わったと、度すべき衆生も度し終わったという思いをあらわしています。それを破る。破って新たに八地に進ませる。そこに「諸仏の加勧」ということと、つまり行けと促す勧めが加えられる。諸仏の加勧ということと、苦悩の衆生の発見ということが押さえられています。七地沈空を破って、さらに歩み出させる。

そこにあるものは諸仏の加勧と苦悩の衆生の発見です。それまでは、転輪聖王によって象られるのですが、大白牛車（だいびゃくごしゃ）に乗って衆生の中を進むのです。それが七地沈空を突破してゆくところでは、転輪聖王も衆生と共に歩いているのです。大白牛車の高みから一切苦悩の衆生と、こう見下ろしているのではなく、大白牛車から下りて、あるいは下ろされて、その人々と一緒に大地を踏みしめて歩く。そういう展開が説かれています。そういう意味からも、「一切苦悩の衆生を捨てずして」という、常に苦悩の衆生という言葉を口にするのですが、口にすることにおいて、逆に遠い存在にしてしまっているということがあるのではないのか。そういうことが、このごろ私にとっては心にかかっていることでございます。

十二、信仰は態度以外にない

今、人間というものが、数であらわされるという時代ですね。それこそ「原爆投下というものも、それによって亡くなった人の数と戦争が終わって助かった人の数と比べたら、助かった人の数の方が絶対的に多い、だから正当性があるのだ、原爆投下も正しかったのだ」という論理になる。そこには、一瞬にして灰にされた一人ひとりの人間というものは、全く感じ取られていないといいますか、受けとめられていません。さらに、今現になお、被爆の後遺症に苦しむ、あるいは胎児性の被爆ということで苦しんでいる人たちがいます。そういう人は見えなくなっている。何かそういう、数で引き算して、こっちの方が多いではないかということが、今日あらゆる面で横行しているといいますか、そういう在り方が広がっているように思うのです。

この「一切苦悩の衆生」という言葉も、最初いいました「愚鈍」とか「愚悪」とかそういう言葉も、ある意味で教学のうえの要の言葉ではありませんけれども、仏道を歩むものとしての要、つまり態度ですね。人間としての態度。これは安田理深先生が、「信仰というのは態度以外にありはしないのだ」と、こうおっしゃっておられます。態度以外に信仰というものを考えれば、それは教条主義になっていくということを、おっしゃっておられます。

また西谷啓治先生は、「宗教というのは人間としての生き方の問題だ」と。そこには「生きてゆく方向」と「生きてゆく態度」ということの両方が、「生き方」という言葉で押さえられているかと思います。そういう態度ということでいえば、大事な言葉は、親鸞聖人が「愚鈍」とか「愚悪」という言葉でいっておられる、その心の深さですね。そしてその言葉を通して、私自身が「愚」というような問題を悲しむという体験が、生活の中にあるのかですね。それなしに教学的な筋道ということだけが取り上げられてしまう。

その時も、この「一切苦悩の衆生」という言葉の中に、私たちが具体的に生きている人を感じ取らないで、読み流してしまうということが否定できない。そのようなことを、自分自身で振り返って思うわけです。そこでは「心に常に作願すらく」(「信巻」聖典二三三頁)という、「作願」などということは出てきません。

ともかく、回向門の文において、「共に」という歩みを呼びさまされる。それが本願の欲生心の成就として押さえられている。この信心の願成就から欲生心成就という展開ですね。それは、願力の回向という形で、私のうえにまで及ぼされている呼びかけです。その呼びかけとそして苦悩の衆生との、まさに共に歩むという問題ですね。そういうことがあってはじめて、信心の中に腰をおろしてしまう我々の在り方が破られていくのです。そのようなことが、親鸞聖人が、本願成就の文をわざわざ二つに分けられて、「本願信心の願成就の文」と「本願の欲生心成就の文」とに分けられている意味としてあるのではないかと思うわけです。そういう、私たちのありようが、ここのところで、回向という問題の根っこに押さえられてあると思うわけです。

回向というのが、親鸞聖人にとっての出発点です。

謹んで浄土真宗を案ずるに、二種の回向あり。 （「教巻」聖典一五二頁）

という言葉で『教行信証』が始められる。その言葉の背後には、曇鸞大師の回向門の受けとめを、親鸞聖人が我が身において感得されたという背景があると、そういうことが押さえられるのではないかと思います。

質問に答えて

《質問　一》

往相回向にも還相回向にも、「共に」という言葉が置かれている意味について。

《質問に答えて》

はからいでは「共に」が成り立たない

回向門には、往相にも還相にも「共に」という言葉が置かれているのですが、その「共に」ということについてお話し合いがあったということです。ではその「共に」ということは、具体的にはどこで成り立つのでしょうか。

「共に」ということを、仏教の言葉でいいますと「自利利他」ということになります。『浄土論』においても、結びの言葉として、

菩薩、かくのごとく五念門の行を修して、自利利他して速やかに阿耨多羅三藐三菩提を成就したまえることを得たまえるがゆえに。無量寿修多羅優婆提舎願偈、略して義を解

し竟りぬ。　（聖典一四五頁）

とあります。

そこに「自利利他して速やかに阿耨多羅三藐三菩提」とあります。いうなれば、仏道の問題が究極的にはどこで自利利他が成就するのか。その自利利他という問題は、言い換えますと、人間にとっての根本的な問題でしょう。自利利他が成り立たなければ、人間としての在り方は開かれてこないということがあります。

ただ、自利利他という問題は、根本的な問題ではありますが、私たちがいろいろと考えを巡らせて解決していけるということにはならないわけです。なぜかというと、「自利利他」ということ、「共に」ということは話としてはいえても実際に生きていく時には、もっと素朴に、そういう願いをもって生きるという時には、必ず矛盾が起こってくるからです。どういうことかというと、自利を徹底していけば他を後回しにしなければおさまらないということがあるからです。

天台大師智顗（ちぎ）の『高僧伝』に載せられていることですが、天台大師智顗が亡くなる前に、「こういう弟子たちをなんとか育てなければならなかった。そういうことのために、とうとう私はこの世で悟りをひらくことができなかった」という、嘆きの言葉が記されているということです。人を育てようとすれば、自分のことは後回しになるということでしょう。それとは反対に、自分の歩みを全うしていこうと、自分のことに専一になれば、周りを振り返る暇はないということになります。このように、自利利他ということが人間の願いではあるけれども、現実にはそれが矛盾対立を引き起こして成就しないという問題が押さえられるわけです。

「嘆仏偈」には、願生道の歩みが説かれるわけです。はじめは嘆仏で、

光明・威相、大千に震動す。（光明威相　震動大千）（聖典一一頁）

ここまでが、文字通り仏徳を讃嘆する偈です。仏徳を讃嘆するということは、その仏の道を歩みたいという願を発すことですね。ただ讃えているだけで、自分の歩みはよそに向いているということでは、仏徳讃嘆にはならないわけです。そして、「嘆仏偈」では、そこまでが仏徳を讃嘆する偈になっています。その後の、

願わくは我作仏して、聖法の王と斉しからん。（願我作仏　斉聖法王）（聖典一一頁）

ここからは、自らの願を発すということで「自発願」という科文がされています。「私もあなたのごとくに斉しくなりたい」という自分の願いが明らかにされている。ですから、この「願我作仏」から、あと三分の二は自らの願いというものをそこに発す、世自在王仏の前で誓うという姿をとっています。その自らの願いというものは、まず自分自身が仏になりたいという願です。仏になりたいという願を発すことを通して、

一切の恐懼に、ために大安を作さん。（一切恐懼　為作大安）（聖典一二頁）

と、そこからは、「一切衆生のために大安をなさん」という利他の願いが説かれてきます。そういう利他の願いが出されてくる。

それでは、その「自ら仏にならん」という自利と、「一切の衆生のために大安をなさん」という利他が、結局どこで成り立ってくるのか。それを解決するために、後半はいわゆる国土の問題が説かれてくるわけです。

たとえば恒沙のごときの諸仏の世界、（譬如恒沙　諸仏世界）　（聖典一二頁）

そこからずっと国土が覩見されてきます。そして、

我仏に作らん、国土をして第一ならしめん。その衆、奇妙にして、道場、超絶ならん。
（令我作仏　国土第一　其衆奇妙　道場超絶）　（聖典一二頁）

と、「自らの国土を第一ならしめん」と出てきます。つまり自利利他、それを成就するために国というものを願っていく。そういう展開が「嘆仏偈」のうえに辿れるわけです。

これはどういうことかというと、私たちが、私たちのはからいとか考え方によって、「自利利他」とか「共に」ということが成り立つならば、願生道などというものは必要ないということなのです。人間として生きるうえで、別に浄土ということがなくても、私たちの在り方を改めていく、変えていく、そういうことで「自利利他」が成り立つなら、もうそれで尽きることですね。ところが、私たちのはからいでは、「共に」ということが成り立たない。どこかで、

そういう理想を実現できるかというと、これはありえないということです。「共に」ということ、自利利他円満成就ということは、私たちの生活の中での実践において成就することはありえない。そういうことが、ひとつ押さえられてくるかと思います。

いのちそのものが「共なるいのち」

ただ、今一度その「共に」ということを問い直しますと、なぜ「共に」ということを願わなければならないのか、また願わずにおられないのか、そういう問題がまた一つ押さえられてくるかと思います。なぜ、自分の願をただひたすら追求するということでは留まれないのかというこことですね。そこに、やはりあえていいますと、この身に受けているいのちそのものが、実は「共なるいのち」であるということなのです。

親鸞聖人は、『御消息集（広本）』に、

としごろ念仏して往生をねがうしるしには、もとあしかりしわがこころをもおもいかえして、ともの同朋にもねんごろのこころのおわしましあわばこそ、世をいとうしるしにてもそうらわめとこそ、おぼえそうらえ。よくよく御こころえそうろうべし。（聖典五六三頁）

こういう言葉を書いておられます。

そこに、長年の間、念仏して往生を願って歩んでこられたその確かな「しるし」ということ、証拠の証ということですが、その具体的な姿として、「もとあしかりしわがこころをもおもいかえして、ともの同朋にもねんごろのこころ」という言葉が出されています。

ここで、「ねんごろ」といわれていますが、これは今日でも使いますね。「あの人はねんごろな人だ」というような場合は、実意がある人だというような意味です。本当に心から事を行なっている人とか、取り繕うようなこともなく、常に本当の自分の心からなさる人だと、こういうような意味になります。

ですけれども、ただそれだけが、「としごろ念仏して往生をねがうしるし」なのかと、少し腑に落ちないものを感じます。そこで、あらためて「ねんごろ」という言葉を古語辞典で調べてみましたら、「ねんごろ」は「ねもころ」という言葉からきていて、その「ころ」というのは絡むという意味からきているということでした。つまり、根が絡み合って生きているということですから、そのことに目覚めていくということでしょう。根が絡み合っているということは、もうひとついえば、「一つなるいのち」ということですね。

『阿弥陀経』に、「共命(ぐみょう)の鳥」(聖典一二七頁)という鳥が出てきます。この共命鳥というのは、いわゆる一身双頭の鳥で、身は一つで頭は二つという鳥だそうです。いろいろと物語が伝えられています。身体は一つで頭は二つというのは、甚だ不便です。二つの頭の思いが一つであればいいのですが、それぞれが自らの思いを主張しますので、いつも互いに引っ張りあい押しつけあいして生きづらい。そこでとうとう、片方がもう片方を殺そうと考えた。いろいろ説はありますが、毒を飲ませたとか、つついて殺したとかいわれます。それで、片方が死んで、これでやっと自分の思い通りに行動できると喜んだということです。ところが、身は一つですから、その毒が全身にまわって、生き残った方もいのちを失ってしまう。つついて殺した場合は、身体がだんだん腐ってきて、結局はいのちを失うことになる。そういう物語が残されている鳥の名前です。

今日でいえば、人間の営みというものが、まさに自然をつついて痛めているという、そのことで今また自分自身が苦しんでいる。そういうように、一つのいのちを生きていることのいろいろな問題が、露わになってきているかと思うのです。

ともかく、そういう言葉で押さえられることは、我々が生きている事実というのは、「共に」という一つのいのちを生きているのです。共に生きている。一つのいのちを共に生きているという事実があるのです。それにもかかわらず、我々はお互いに壁を作り、排除しあって生きている。いのちの本来は一つなのですけれども、その「共に」が成り立たないのは、我々が思いにおいて、お互いを隔てあい閉ざしあいしているからです。そういう問題が、そこには押さえられてくるかと思います。

この身の事実と共に歩む

どうしたら「共に」という在り方が成り立つのかということを、ともすれば理想的な在り方として描いて、どうしたらそういう在り方に近づけるか。何か自分たちの夢の実現という形で、「共に」というものをとらえます。まあ多くの場合そうではないかなと、自分自身を振り返って思うのです。それに対して、善導大師は「帰去来」といわれています。

帰去来、魔郷には停まるべからず。（「定善義」「証巻」聖典二八四頁・「真仏土巻」聖典三二一頁）

帰去来、他郷には停まるべからず。（『法事讃』「化身土巻」聖典三五五頁）

このように、本来に帰れといわれています。

また『安心決定鈔』には、

しらざるときのいのちも、阿弥陀の御いのちなりけれども、いとけなきときはしらず、すこしこざかしく自力になりて、「わがいのち」とおもいたらんおり、善知識「もとの阿弥陀のいのちへ帰せよ」とおしうるをききて、帰命無量寿覚しつれば、「わがいのちすなわち無量寿なり」と信ずるなり。（聖典九五九頁）

と、こういう言葉があります。「もとの阿弥陀のいのちへ帰せよ」という善知識の言葉ということですね。

「阿弥陀の御いのち」というのは、つまり無量なる限りないつながり、限りない関わりの中にたまわっているいのちということです。そのような、「阿弥陀の御いのち」を、

すこしこざかしく自力になりて、「わがいのち」とおもいたらんおり、（聖典九五九頁）

と、理知分別がついてくると、我々はやはり「わがいのち」というところに立ってしまうわけです。そして、そのうえでお互いに、共なるいのちを隔て、引き裂いていってしまうのです。その「わがいのち」とする我々の思いの根深さは、ちょっと振り返って反省してそれで克服できるというようなものではないわけでしょう。そのために、私たちが、「共に」ということを願いながら、なかなか成り立たないわけです。そこで、はじめて仏道というものが、さらには人間が人間として成就していく道というものが願生浄土という姿をとる、そういう道として開かれてくるということが、押さえられるかと思うわけです。

「わがいのち」とおもいたらんおり、（聖典九五九頁）

とありますが、これはもうひとついいますと、つまり「共に」ということが成り立たない。そこに周りの人をいろいろと区別し差別しているということが問われてくるわけですけれども、よく考えますと、私たちはまず「共に」ということですが、周りの人と共にという前に、この自分自身と共にということ、つまり自分自身が受け入れられなくて困っている。自分の中の弱さとか愚かさとか、そういうものが自分自身で受け入れられない、認められない。常にそうい

うものから目をそらし、目をつぶって生きているということがあります。そういう心があるかぎり、やはり外に対しても、愚かなもの弱いものを軽蔑し、排除するという心が抜きがたく起こってくるわけでしょう。自分自身と共に歩めるこの私ですね。つまり自分の思いをもってしてもどうにもならない、この身の事実と共に歩むということが、根本にあるのではないかと思います。

「共に」が置かれている根本の意味

私たちは、自分の中のいやだなあと思う面を、なんとか克服しようとします。しかし、どれほど頑張っても克服できないとわかると、今度は逆にそこから目をそらして生きようとするわけです。けれどもそれでは、どこまでいっても、周りの人を選び分けるということが出てくるわけで、「共に」ということは決して成り立たない。ですから、「共に」を成り立たせるためには、まず第一に身の事実を受けとめ、そしてその事実を抱えて生きていくということが不可欠なのです。そこから、目をそらそうとばかりしていた時と、受けとめて抱えて歩むという時と、そこに大きな異なりが出てくるということがあるのです。

「共に」ということを実現しようとするのですが、本来一つである在り方に戻ろうとするのを妨げているもの、お互いを隔ててしまい、さらには他人を排除しようとしてしまうものは、実は自分の思いの中にあるのです。それに気がついて、その自分の中にある思いを克服していこうとするのですが、どこまで努力しても克服できない。まあこれは面倒なことでして、私たちは自分のした努力、それは一つになるための努力であったはずなのに、自分の努力に固執するといいますか、努力したことが壁になるという問題があるのです。努力すれば、少しずつでもお互いを隔てる壁を切り崩していけるのならいいのですが、努力すればするほどそれがさらに壁を厚くしていくということすらある。いわゆる自力の執心ですね。

その自力の執心という問題が抜きがたくある。そのために、「共に」ということが人間の根本の願いであり課題でありながら、人間の努力では如何ともしがたい、そういう問題を抱えているわけです。そのために、そのような自力の執心を破って、「共に」ということを真に実現するために、願力回向ということが説かれ、願生浄土の道が明らかにされることによって、それを歩めと呼びかけられているのです。

それが、往相回向にも還相回向にも、「共に」ということが置かれていることの根本の意味だと思います。そういうことを、お考えいただければと思います。

《質問　二》

苦悩について。

《質問に答えて》

世間の愛欲の中にあって

苦悩ということが取り上げられています。まずいちばん最初に、我々は苦悩しているのではなく、たんに困ったことに右往左往しているだけではないかといえます。

『無量寿経』の経文の上でいただきますと、いわゆる三毒段が終わって五悪段が開かれます。その間のところで、

> 仏、弥勒に告げたまわく、（中略）今我この世間において仏に作りて、五悪・五痛・五焼の中に処すること最も劇苦なりとす。（聖典六六頁）

と載っています。仏というのは、こういう世間にあっても涼しい顔をされて生きていかれるのかと思っていましたが、「最も劇苦なりとす」ということなのですね。激しい苦しみを受けていると、こういう言葉が説かれているのです。それに対していえば、私たちは振り返ってみますといつもすぐに目をそらし、気晴らしに走るということがございます。「劇苦」というような言葉で受けとめられるような、そういう重い受けとめということがあるとはいえないという

ことが感じられます。

「この世間において」とありますが、「この世間」はもちろんいわゆる娑婆ですね。いろいろな苦しみがここに一つになってあるところという意味が娑婆という言葉にはありますが、やはり曽我先生がこの娑婆ということを、「もっとも厳粛な世界である」とおっしゃっていました。その厳粛さというのは、その時私が思ったことですけれども、それは『無量寿経』下巻に、

人、世間の愛欲の中にありて、（聖典六〇頁）

とある「愛欲」ということでした。この「愛欲」とは、愛と憎しみという愛憎の問題を指しているのでしょう。『無量寿経』には、続いて、

独り生じ独り死し独り去り独り来りて、行に当り苦楽の地に至り趣く。身、自らこれを当くるに、有も代わる者なし。（聖典六〇頁）

とあります。

この厳粛な世界ということは、この「身、自らこれを当くるに、有も代わる者なし」という、こういう娑婆の現実ということが押さえられての言葉かと私は読ませていただきました。それで「身自当之」といいますのは、つまり私のいのちの事実は、一点の狂いもなくこの身に受けて生きていかなければならない。まさに誰も代わる者なしですね。私に代わって私のいのちの事実を生きてくれる人は誰もいないといいますか、誰にもできない。一人ひとりがその人その

人の代わりようのないいのちの事実を生きている。そこに「厳粛な」という意味を感じたわけですが、そういうことからいいますと、私たちはやはり常に何かいろいろと責任を周りに転嫁したりですね、「身自当之、無有代者」の事実に立つということは希なわけでしょう。

そういうことからいいまして、その次に、この困ったこと以外に苦悩することがあるのか、苦悩の意味はという問題が出されています。仏教では「三受」ということを説きます。三受というのは、苦受・楽受・不苦不楽受です。私たちが生きるということは、文字通り我が身のいのちの事実を受けとめて生きるわけでありまして、広くいえば環境を受けとめて私は生きているということですね。「受」というのは受けとめですが、ですからいろいろなこの人生の姿があり、歩みがあるわけです。それを押さえていえば、自分の身に受けている環境と自分の思い、その関わりのところで押さえれば、この三つに尽きると説かれています。

苦受というのは、苦しい環境を受けているということですけれども、それは環境に苦しい環境とか楽しい環境があるわけではない。どこまでもその環境を受けとめる我々一人ひとりの思い、自情があるわけです。この同じような環境を喜びとしている人もいるし、そこに逆に生き甲斐を見いだしていくという人もあるのでしょう。それとは逆に、ただもう何でこんなことになってと嘆いてばかりいる人もある。ですからどこまでも自情ですね。苦受は自分の心にとって逼迫（ひっぱく）し、自分を圧迫し苦しめる。そういう逼迫という言葉でいわれています。

それに対して楽受といいますのは、自情にとって適悦(てきえつ)だといわれています。自分の気持ちにぴったりで喜ばしいという適悦ですね。それから不苦不楽受は自情に不逼不悦と、別に厳しいとも思わないし喜ばしいとも思わないという在り方でございますね。

この苦受、これは文字通り苦しい状態を苦しむ。これを「苦苦」とこういいます。それに対して楽受は、楽しい状況なのですけれども、しかし私たちはその楽しさの中にも、「壊苦」という壊れていくのではないかという不安を感じてしまう。失うものがないというときには、不安などということは感じないのですけれども、失いたくないものをもち始めると不安にとらえられるということがありますね。

そして最後の不苦不楽受。これはもう苦しくもないし楽しいというわけでもない。昨日のごとくに今日もまた日が過ぎていく。そういう意味を仏教では「行苦」という言葉であらわしてありますが、この場合の行は「遷流の義」、遷(うつ)りゆき流れ去るということだといわれます。私はこれは、むなしさだと思います。ただ日が過ぎていく。苦しみも感じないし喜びもなければ感動もない。それはむなしさの問題でしょうね。

仏教は一切皆苦というわけですが、それは、「苦苦」「壊苦」「行苦」という言葉で苦ということが押さえられているのです。現実には、一切皆苦といっても、隣りの人は夢のような生活をしている。楽しんで生活している人もいるということがあります。しかしそこにこそ、それこそもっているがゆえに抱えるいろいろな問題が出てくるわけでございます。ですから、仏教では「苦苦」「壊苦」「行苦」と、こういう言葉で苦ということを押さえるのです。

多くの宗教の場合、現世利益を説く宗教は、苦のない世界へ返そうとするのです。不安を感じないで済む世界へと生活を回復させようということが中心となっています。ですから、まず不安を煽り立てて、そして「これをしたら大丈夫ですよ」という形でいろいろと勧める。新興宗教といいますのは、必ず煽り役と鎮め役というのがあるのだそうです。それでその煽り役は、不安を煽って「あんたの所、このままだとえらいことになるよ」という。それを受けて、鎮め役の人が「これを買うたら治まるよ」という。それで買うということになる。ところが、実際は「一向に治まらないではないか」と怒り出しますね。そしたらもう一度鎮め役がいきまして、「あんたはこれを買うたからこの程度で済んでるんだよ」という。そういう形で働きかけるということを聞いております。ともかく不安という問題をもとに不安を解消するという、そこに一つの安らぎを見るということがございます。

それに対して仏教では、不安を通して真実に到ろうとするのです。不安ということは、その本来なる在り方を失っているということです。今ある在り方は確かな在り方ではないという感覚が、不安というものを起こしてくるのです。そして不安という底には、さらにむなしさという問題がある。いったい何のために生きていたのかという感覚です。私たちは、困ったことでも苦悩しますが、困ったこと以外でも苦悩をもつ。生きている意味が見つからない、むなしい。今日子どもたちが抱えているいろいろな苦悩といいますのは、本当にいろいろな形で現れていて、また非常に深刻なものがございます。生活の上には、別に苦しいことは何一つない。自分の思いの中に閉じこもっていられるのですから。ところが、彼らが感じている苦悩というものは、誠に深刻なものがございますね。

諸難の三つの喩え

昨日ホテルに帰ってテレビをつけましたら、奈良の娘さんが地下鉄で飛び込み自殺をされるその瞬間が放映されていました。今はカメラがいろいろなところに設置されていますから、その現場が撮影されていたのです。飛び込んだホームに電車が入ってきたのですけれども、奇跡的に無事であったということで放映されたというのです。けれども、その方は鬱病をわずらっておられて、鬱病もだいぶ回復してきたとみられていた方だそうです。この鬱病ということでも、たくさんの方が苦しんでおられます。

それも、いわゆる苦しいことが迫ってきて苦しんでいるということではないのですね。『浄土論』において「無諸難功徳」という荘厳功徳が説かれていますが、そこに、

永く身心の悩みを離れて、楽を受くること常に間なし。（永離身心悩　受楽常無間）

（聖典一三六頁）

とございます。この偈文を「無諸難功徳」と天親菩薩は名づけておられるわけですが、そこに曇鸞大師は『論註』において三つの喩えを挙げておられます。

> ある国土を見そなわすに、或いは朝には袞寵に預かって、夕べには斧鉞に惶く。或いは幼くして蓬藜を捨てられ、長じては方丈を列ぬ。或いは笳を鳴らして麻を出だして歴経し催還すという。是の如き等の種種の違奪あり。
> （真聖全一、二九五頁）

一つ目の喩えは、「朝には袞寵に預かって」、要するに天子から、天子の印である龍を描いた衣、衣服を賜る。これは最高の栄誉であるというわけですが、その天子から袞寵、天子の衣を賜るという栄誉に輝いた者が、夕べには斧鉞、これは斧でありますね。いわゆる刑罰の道具であります。天子の逆鱗に触れて処刑される。その処刑を前にして惶いていると、こういうことが、まず一つあげてあります。それは何か権力の下にいつも弄ばれていて、いつも不安を抱えて生きているということでしょう。

そして、三番目を先に見ますと、にぎやかに笛を吹き銅鑼を鳴らしながら家を出て、まあいろいろな説がございますが、旅に出て行ったものが、次の日にはいわゆる身内に不幸があったといって、あわてて帰ってくるという、いわゆる無常ということでしょうかね。

そして、二番目にあげてあるのがおもしろいのです。「幼くして蓬藜を捨てられ」というのは、幼い時に雑草の生えた野原に捨てられていた子どもということです。その子どもが、「長じては方丈を列ぬ」と。一丈四方ということでしょうかね。一丈というのはどれくらいなのでしょう、まあだいぶ広いのでしょう。つまり一丈四方にご馳走を並べるほどの恵まれた身分になる。それが諸々の難の例としてあげてあるのですね。ちょっと読みますと、野原に捨てられていた子どもが、長じて一丈四方にご馳走を並べて、それこそたくさんの侍女を侍らしてご馳走を食べるという、めでたしめでたしという出世物語のようですけれども、それを諸々の難の一つとして曇鸞大師があげておられるのです。

「一丈四方」、中国の人の食に対する執着というものは大変なものでございますね。やはり昨日の新聞でしたか、今中国の政府がこれから結婚式などの時にも十卓、まあ十品ということにあたるのでしょうかね。料理は十卓に制限すると、それ以上のご馳走はしてはならぬと、倹約令が出たという。それに対してそんなことは国家権力が干渉することではないと、こういった反発が強い。中国では結婚式などでは盛大な時には六十卓ぐらいのですね、大変なご馳走が次から次へとにかく出るのだそうですね。日本でもこのような風習があって、とにかく食べられないというのに無理やり食べさせて、飲めないというのに無理やり飲ませて帰すというのが礼儀だと。そういうこともあったそうですが、そういう方丈を列ぬということも結構なご身分でと思うことなのですけれども、それを諸々の難と押さえられています。

なぜそれを難というのかというと、それについて『論註』を読みます場合も、ある意味で大谷派においては基本の参考書となります『顕深義記』という書物がございますが、その書物の中では「幻楽」という言葉を使っています。つまり幼い時に野原に捨てられて、飢えと渇きに泣きわめいている。その時の意識がずっとその人をとらえていて、結局「方丈を列ぬ」、ご馳走をたくさん並べて喜ぶということで人生を終えてしまう。まさに幻楽、幻のごとき楽しみ、そういうことにこのかけがえのない人生を費やしてしまった。そういう意味において、曇鸞大師は苦難の一つにあげておられるということです。つまりそこにはむなしさという意識がある。そういうことのために生きてきたのか。そういうむなしさという意識が押さえられているかと思います。

そしてさらに曇鸞大師は、ここで、身の悩みと心の悩みをあげておられます。

身悩とは、飢渇・寒熱・殺害等なり。心悩とは、是非・得失・三毒等なり。

（真聖全一、二九五頁）

といわれています。

身悩というのは、飢渇それから寒熱そして殺害等。これは社会問題ですね。これらの言葉をあげてあらわそうとしているわけです。それから心悩としては、是非、得失、そして三毒。これは貪瞋痴ですね。是非というのは思想問題・宗教問題でございましょう。どちらが正しいのか、お互いに是を争い合う。お互いに自分の方がという思いですね。それから得失、これは経済問題でしょうね。得を奪い合うということがございます。そして三毒等というのは、我々の日常生活における心の悩みでしょうね。それは自らの貪瞋痴、つまり煩悩に悩まされる。煩悩ということも法相唯識のほうでは細かに厳密に分析されていますが、一口で煩悩ということを押さえられた言葉として、親鸞聖人が簡明に煩悩というのを、

> 具縛は、よろずの煩悩にしばられたるわれらなり。煩は、みをわずらわす。悩は、こころをなやますという。（『唯信鈔文意』聖典五五二～五五三頁）

といわれています。自分のこの心のはたらきでありながら、しかも自分の身を煩わし心を悩ますということとして、簡明に押さえられています。そういうものにいつも振り回され突き動かされて、私たちの日常の生活のなかに、やはりいろいろな争いが起こり心が休まらないということがございます。そこの問題が、大きな問題になるかと思います。ですから苦ということについては、曇鸞大師の無諸難功徳におきます言葉が手近には思い合わせられるわけであります。

楽を受くるに間なし

同時に今の無諸難功徳の「楽を受くること常に間なし（受楽常無間）」（聖典一三六頁）ですね。楽を受けるという、楽という問題がまたございます。何をもって楽とするのかということでご

ざいますね。これは「証巻」に、

楽に三種あり。一には外楽、謂わく五識所生の楽なり。

（聖典二九五頁）

とあります。

外楽というのは、外からの働きあるいは外のものによってもたらされる楽ですね。五識所生ですから、眼・耳・鼻・舌・身。目に美しいものを見、耳に心地よい音楽、声を聞き、舌に美味しい味を味わうと、これ全部外楽ですね。それは楽しいことは楽しいけれども、続きはしませんね。やはり歓楽尽きてということがございます。外から与えられる楽ですから、それはまた失うときがあるわけでありまして、喜んだり落ち込んだりということを免れない。

それで二番目には、内楽というのがございます。外からの楽に対して、内からのわき上がる楽、喜び楽しみですね。これについては、

謂わく初禅・二禅・三禅の意識所生の楽なり。

（聖典二九五頁）

ところございます。ですから内楽といいますのは、一口でいってしまいますと向上の楽しみでございましょう。自分はどんどん向上していく。初禅から二禅、二禅から三禅と。この場合は、境地が深まっていくということですね。あるいは自分が努力してだんだん向上していく。スポーツにしても学問にしても仕事の上においても、ある意味で自らの向上ということに感ずる満足でございますね。そういうものがこの内楽ということに押さえられてあるかと思います。

ただこれもやはり、それぞれがその限度を抱えているわけでありまして、また決して平等ではありませんから、それこそ逆にその競争の苦しみということをもたらすということがございましょう。

それに対して、「三には法楽楽」とあります。

> 三には法楽楽、謂わく智慧所生の楽なり。この智慧所生の楽は、仏の功徳を愛するより起これり。（聖典二九五頁）

とこういう言葉で曇鸞大師が押さえておられます。つまりこれは、真実に目覚めた者の歓喜でございますね。その喜びは決して外から与えられたものではない、自分の向上に満足する自己満足の楽でもない。逆にこの智慧所生の楽は、いよいよ仏の功徳を愛せずにおれなくなっていく、そういう歩みを呼びさましてくる楽であると。そういう意味で法楽楽といわれる。

いわゆる極楽の楽は、この法楽楽を意味するわけでございますね。いわゆる外楽がいっぱいあるという意味での極楽ではありません。どこまでも法楽楽の意味で極楽ということでありまして、ここにも苦に対する楽にそういう区別を見られているということがございます。その場合はやはり、法楽楽ということは、ただ状態が楽しいということではなくて、そこにいのちあること、生きてあることに深い喜びを感ずるという、そういう意味合いで押さえられてくるかと思います。

人間というのは、存在の意味というものを尋ねるということがあるわけでございますが、それに対してむなしさという意識が生まれる。九州で目の不自由な方々とのいろいろな話し合いをしたり、いろいろな手作業をしたりするグループがありまして、その中に在日韓国人三世の方がおられまして、同じ家族の中で女の人だけにその病気が起こって失明してしまう。それで、お母さんも失明しておられて、妹さんはわずかに見えるという状態なんですね。その長女のご本人も鍼灸とかマッサージの仕事をしてお母さんを養っておられる。自分も目が不自由なのですけれども、お母さんはもっと不自由ですから、一人置いてはどこにも行けない。その意味で、いつも自分はお母さんに縛られていると思っておられた。ところがそのお母さんが亡くなられてしばらくしてお会いした時に、その方が、

「今まではお母さんに縛られているということで文句ばかりが頭にあった。その母が死んでこれからは自分の思い通りに生きられると、そうなったときにふと、自分のためだけならもうこんな人生はごめんだ、という思いが心を占めてきた。自分はお母さんに縛られていたと思っていたけれども、実は支えられていたんですね」

ということをおっしゃっていました。

何かそういうように、縛られている状態と意識している時、それはまさに苦苦でございましょうね。しかしその自分を苦しめていたお母さんがお亡くなりになって、解放されたと。それ

で、生き生きと生きられるかと思ったら、逆にそれこそ何のためにという思いが心を占めて、自分のためだけならこんな人生はもう堪えられないと。大変な苦労をしておられるのですけれど、そういうことをおっしゃっておられました。

ですから、困っているだけで、苦悩することがあるのかというご質問ですが、これは人間には、思いといいますか、心の営みがありますので免れられないこととして、そこには常にとらわれていくということがございます。ともかくそこでは苦悩といっても、もう言葉だけになっているし、衆生といっても言葉だけになっているというような問題が、そこに押さえられています。苦悩ということについて、仏教ではそういうとらえ方がされているということを、ひとつまたお考えいただく上で読み直していただければと思うわけでございます。

《質問　三》

人間の理性への偏（かたよ）りについて。

《質問に答えて》

限りなく分科する理知分別

今日引き起こされているさまざまな問題の根本には、やはり人間の理性への偏りということがあるのではないかと思います。祖父江文宏さんは、「虐待の後ろには必ず理知があります」といわれました。そのように、人間の理知分別が深刻な問題を起こしているのです。

理知分別といわれますが、「分別」という言葉は文字通り「分け、別ける」という字ですね。すべてのものを分けてとらえる。そのいちばんもとには、能所ということがあります。能見、所見といえば、見るものと見られるものということ。所は受け身のほうですから見られるもの。見るものと見られるものと二つに分ける。分けるということは、対象化するということですね。見るものが、見られるものを目の前にもってきて、そしてそれをいろいろ観察する。このように、二つに分けようとする時には、対象化ということが起こってきます。そして限りなく分析してゆくということがなされるのです。

要するに、科学的なとらえ方の、いちばんもとには還元主義ということがある。いのちというものを考える時にも、遺伝子とか人間のいのちというのはこういう構造をしている。こういうものとこういうものが、こういう形で一つに働いていいのちが成り立っている。そのように、限りなく分析して、こういうものなのだという判断をすることになります。

ですから、今日のもののとらえ方においては、限りなく専門性ということが進んでいくわけですね。特に医学においては、二十年前でも、医学界というのは専門が八十に分かれているということでした。私たちには、外科とか内科とか神経科くらいしかわかりません。それで、私は心臓がちょっと具合が悪いのですが、ある時、福岡の街で歩いていて、ちょっと調子が悪くなったので、内科クリニックというのが目につきましたからそこに入りました。それで、診てもらおうと思いましたら、お医者さんがどこが悪いのかと聞かれましたので、ちょっと心臓の具合が悪いといいましたら、「うちは胃腸専門です」といわれて断られてしまいました。その時私は、「それなら内科と書かなければいいのに」と思いました。ともかく、専門がどんどん分かれていっているのです。心臓でも、弁専門の人とか、心室専門の人というように、いくつにも分かれているわけです。そういう形で、どんどん専門化していって、そういう専門家が判断してくださるわけです。

私は、十年ほど前に腎臓結石になったことがあり、入院しました。そして、石が出たということで退院となりました。その時、「ともかく水分をたくさん摂りなさい」といわれました。

水を飲んで、果物食べて、生野菜食べてと、こういうことを退院のときにいわれました。ところが、たまたま広島に有名な漢方の先生がおられまして、申し込んでから半年たたないと順番が回ってこないくらい待っている人が多いのですが、広島にいる卒業生が、私が頼んだわけではないのですが、一度診てもらえといって申し込んでおいてくれました。ちょうどその腎臓結石での病院を退院したころに、順番がきましたからといって連絡がありまして行きました。診たては同じなのですね。ところが最後にいわれた言葉が、「水分をあまり摂るな」というものだったのです。生野菜は食べるな、果物を食べるなというように、先にいわれたこととは全然反対だったのです。それで早速、「前の病院ではこういわれましたが」といいましたら、「それだから困る」とこうおっしゃいました。結石を流すということだけでいえば、その病院のいうとおりだ、だけど水分をいっぱい摂ったら、あなたの腎臓どうなると思うと。腎臓が疲れてきたら、あなたの心臓は一ぺんに水ぶくれになる。そうしたら、結石は出たけれど、いのちがなくなったということになりますよ。まあこういう話でした。なるほど、東洋医学と西洋医学は違うなと感じました。東洋医学では、全身というか全体で診るわけです。それに対して、西洋医学ではどんどんどんどん分析していって、分科していって、専門のところ自分が担当しているところだけでいろいろとおっしゃる。それが周りにどういう影響を与えるのかは、教えてもらえなかったわけですね。そういうことを思い出すのです。

このように、人間の理知分別は、限りなく分科していく形でとらえて、いよいよ細かにわかってきたようで、実は生きた事実はわからなくなってきたということがあるのです。

芭蕉の俳句の世界観

エーリッヒ・フロムという人に、『生きるということ』という書物があります。その最初のほうに、鈴木大拙先生の言葉を取りあげておられるのです。そこでは、テニスンというイギリスの詩人の詩を取り上げられています。

　ひび割れた壁に咲く花よ
私はお前を割れ目から摘み取る
私はお前をこのように
　根ごと手に取る
小さな花よ……
もしも私に理解できたら
お前が何であるのか
根ばかりでなく、

お前のすべてを……
その時私は神が何か
人間が何かを知るだろう

テニスンは、崩れかけた土塀のところから一本の花が咲きでているのを見て、その花を抜き取ってきて、そして手のひらに乗せて、葉の先から根の先までそれを細かに見ていく。そしてそれを全部見てわかった時、私は人間とは何だ、人生とは何だということもわかるだろう、という詩をうたっているのです。

それに対して、鈴木先生が対照的に見ておられるのが芭蕉の句なのですね。

よく見れば
なずな花咲く
垣根かな

という句を鈴木先生が取り上げられて、そこに見るということの対照的な態度、理解するということの対照的な態度が押さえられていたと、エーリッヒ・フロムがいっています。

テニスンは、花を取ってくるということ、抜き取ってくるということをまずする。そしてそれをバラバラにしていく。葉の先から根の先までバラバラにして、その形なりシステムの在り方を見ていく。それで花の何かがわかるかもしれないけれど、その時にはその花は命を失っている。

一方芭蕉は、取ってくるどころか手にさえ触れていない。したことはただよく見るということ。よく見るということは、次第にその花の中に自分の方が入っていくということです。そこに、そういうものを理解する時の姿勢というもの、態度というものがある。その対照的な姿勢をフロムは取り上げて、その違いは非常に大きいということで、その文章が展開しているのです。

今日の私たちのもののとらえ方というものは、すっかり欧米の歴史をもった分解型になってしまっています。そして、自分の前に置いて限りなく分解していくというとらえ方で、実は自分の物差しで計ってそれをわかったことにしてしまっている。そうではなくて、生きている事実を見る。そういう形での理解の仕方が実は大切なのです。

今日、ジャンケンが、欧米の学者といいますか、関心のある人の中で話題になっているようですね。何か世界的な研究に対して与えられる賞を、ウィーン大学のリンハルトという教授が受賞されて、その人が研究されていたジャンケンが話題になったのだそうです。ジャンケンというのは、日本の文化といいますか、日本を映すと、こういうことなのだそうです。

欧米にあっては、何か物事を決める時に、コインを投げて裏か表かで決める。つまり、二つに分けるわけですね。ところが日本人は、決める時によくジャンケンで決める。ジャンケンというのは、どれも絶対的なものはないわけですね。グーはチョキには勝つけれど、パーには負けると。パーはグーに勝つけれどチョキには負けると。それぞれが勝つ面と負ける面をもっている。絶対的な存在をたてない、そういう在り方というものが、今日問い直されなければならない在り方ではないのか。今までの欧米の物事の決め方は裏か表か。もっと抽象的にいえば二分法ですね。それが一般的であるために、二項対立の論法が非常に強引にいろいろな面でいわれているわけです。それに対してジャンケン。私たちはジャンケンというと、グーチョキパーしか知りませんけれども、この先生が取り上げているのですが、いわゆるお茶屋さんで遊びに虫ケンをするのだそうです。虫ケンというのは、ナメクジと蛇と蛙で戦うのだそうです。それで、蛇は蛙に勝ち、蛙はナメクジに勝ち、ナメクジは蛇に勝つのだそうです。ナメクジが蛇に勝つのかなあと思うのですが。そういう、いろいろなものがあって、庄屋と狐と鉄砲というのもあるそうです。それぞれ三つが互いに勝つ面と負ける面とをもっている。李御寧（イーオリョン）という韓国の方は、『ジャンケン文明論』というのを最近出版されています。まあこれもなかなかおもしろい書物です。何でもないと思っていたことに、エッと思うようなことが指摘されていました。これが東洋独自の循環型の文明と、そういう言い方をされています。

　西洋型の二項対立というのは、コイン投げ文明。そこからは衝突しか生まれてこない。互いに衝突し互いに対立するということしか生まれてこない。そういうようなことで、ジャンケンということに関心をもたれているということです。

振り返ってみますと、二つに分けて決めつけるという在り方は、今日私たちも、いろいろな面でそういう思考法が身に染みついてしまっているように思います。そこでは、何か一つの物差しを絶対的なものにして、それで全部価値を決めてしまうというようなことが、虐待ということの背後に理知があるといわれる一つの意味であろうかなと思います。

東京の真宗会館から出ています『サンガ』という新聞に、小学校低学年の少女の作文の一部が公開されていました。それは、

わたしが試験で百点をもらったとき、
いい子だよ、といって、
ママはだいてくれました。
百点をもらえなかったとき、
おとなりのマリちゃんは百点もらったのに、
とママはいいました。
百点もらう子なら、
わたしでなくてもいいのかな？

と、こういう文章です。そこにも、やっぱり何か一つの物差しが先にあって、子どもと触れあうという前に、物差しでものをいってしまうということがある。そういうことが、そこには思われるわけです。そして、この状況を乗り越える鍵が、親鸞聖人がいわれる「愚鈍」とか「愚悪」という自覚だと思うのです。

《質問　四》

信順と疑謗の関係について。

《質問に答えて》

疑謗は、信順の歩みにいのちを吹き込む縁

信順と疑謗との関係については、これは昨日見ていただきましたように、親鸞聖人は因と縁という関係で押さえておられるわけでございますね。

信順を因とし疑謗を縁として、信楽を願力に彰し、妙果を安養に顕さんと。

（「後序」聖典四〇〇頁）

そこに安養つまり浄土、その浄土に往生するその願力往生、その往生ということにおいて信順を因とし疑謗を縁とするということが押さえられているかと思います。教えというものはその教えをただ尊ぶ、信順する、それだけならばそこには歴史は生まれてまいりませんし、歴史が生まれないということは、時と共にその生命力を失っていくということを意味するかと思います。疑謗を縁として、常にそこに信順の歩みに新しいいのちが吹き込まれていく。つまり七祖の歴史を考えましても、七祖は常に疑謗、問いを尽くして下さった方でございますね。

八宗の祖と尊ばれる龍樹菩薩において『十住毘婆沙論』のいちばん最初には、「はたして本

当に仏教によって生死の大海をわたり得た者があるのか」という問いを置いておられます。八宗の祖としての龍樹のその歩みを、根底からもう一度問い直す、問いでございますね。仏教は生死の大海をわたすというけれど本当に大海をわたり得た者がいるのかという、そこから『十住毘婆沙論』が展開されてまいります。

そしてその問いの前に、つまり最初に出されてくるものは、この私たちの肉体の事実ですね。特にその分泌物の名がズラッと出てまいります。尿とか涙とか汗だとか、それと吹き出物ですね、そういうものがズラッと並べてあります。よくこれだけ汚い言葉を集めたなあと思うくらいです。これは『十住毘婆沙論』の一番最初の「序品」というところに出てまいります。

そういう肉体的な身の事実、つまり特に吹き出物とか流れ出るもの。それは私たちの分別の網の目を漏れ出るものですね。つまり我々の分別ではどうにもならない肉体の事実というものをそこに見ております。サルトルという人は、嘔吐というものから実存という問題を展開されています。『嘔吐』という小説もありますが、何かそれに通ずるような文章です。そういう問いから難行という問題を明らかにしてきてくださった。それに対する易行という問題ですね。そういう龍樹大師の問題を受けて曇鸞大師が仏道を難行道・易行道と分けられた。

そういう歴史を通して今度は曇鸞大師にあっては「称名憶念あれども、無明なお存して」という、ああいう問いを曇鸞大師が出しておられます。

称名憶念あれども、無明なお存して所願を満てざるはいかんとならば、
（「信巻」聖典二一三頁）

という問いをくぐってそこにあらためて信心という問題が吟味されています。これも大事なことだと思うのですが、

実のごとく修行せざると、名義と相応せざるに由るがゆえなり。
（「信巻」聖典二一三～二一四頁）

とこうありまして、その「実のごとく修行せざると、名義と相応せざる」という相をずっと展開されまして、三種の不相応を押さえ終わられた後、

これと相違せるを「如実修行相応」と名づく。
（「信巻」聖典二一四頁）

こういう言い方をされています。つまり、これが如実修行相応なんだとこういう言い方ではなくて、逆に不如実の相を押さえて、これと相応せざるを如実修行相応と名づけるんだと、こういうある意味ではもって回った言い方をされています。しかしそこには、これが真実だと掲げた時には、必ずそれはそのとらわれということを生み出してくる。常にそういう自らの在り方、つまり真実に触れるということは自己の不真実が知らされてくるということでございますから。その自己の不真実というものが照らし出された、そのことを受けとめて、「これと相違せるを」という言い方でございますね。こういうことも今日、私たちが心すべきことではないかと思い

ます。今日は互いに我に真実ありと主張し合うということがあるわけです。こういう言い方でございます。

それから道綽禅師になると、時代社会の現実が課題になってきます。これは曇鸞大師におきましても「五濁の世、無仏の時」といわれます。つまり時代社会が突きつけてくる問題を、どこまで深く受けとめるか。その受けとめた問いの深さに応じて、法が新しい表現をもってくる。七祖の歴史は、それぞれに担われた問いの深さ、それが新たなる表現を与え続けて今日まで、つまりそこに歴史というものの展開があるわけでございますね。そういうことが思われます。昨日申しましたように、曽我先生は「真実浄土の歴史というものは常に信順と疑謗との常恒不断の戦いの歴史である」とおっしゃいます。そういうところで初めて歴史となるのでございまして、その存在にいのちを吹き込む縁でございますね。そこに新たにいのちを吹き込んでゆく縁となるものが、疑謗であるということがあらためて思われるわけでございます。

自己の思想の絶対化

そして「化身土巻」の末巻に、

大煩悩の味、世に遍満せん。集会の悪党、手に髑髏を執り、血をその掌に塗らん、共にあい殺害せん。（聖典三七八頁）

こういう言葉があります。これは『大集経』の言葉ですが、こういう言葉が出されております。ある意味でこれは、そのまま現在戦争が行われているところで、互いに殺し合っている。しかも殺し合うだけではない。殺した者を晒すという形で誇示する。つまり殺すということが自己の正義の実践という形を取ってなされているということですね。「手に髑髏を執り、血をその掌に塗らん」というのは、やむなく殺したということではなくて、殺すことが正義の実践であり、信仰の実践であると。そういう姿でございますね。そういう事実を生み出してきているものとして、そこに「大煩悩」という言葉が置かれてございます。

これは今の文の少し前に、

劫濁・煩悩濁・衆生濁・大悪煩悩濁・闘諍悪世の時、

（「化身土巻」聖典三七八頁）

とこうございまして、これを『阿弥陀経』などの五濁の言葉に当てはめてまいりますと「大悪煩悩濁」というのは「見濁」にあたりますね。見濁というのは一言でいってしまえば、自らの思想の絶対化ということになるわけです。思想の混乱という言い方もありますが、混乱というのは互いに絶対化して譲らないというところに混乱ということが生まれるわけです。

この見濁ということについて、善導大師は次のような言葉でいわれています。

自身の衆悪をば総じて変じて善となし、他の上の非なきをば見て是ならずとなす。

（「序分義」真聖全一、四九六頁）

これは今日いよいよそういう姿が互いに、いちばん具体的には政治の世界にあって、そういう自己の衆悪は総じて変じて善となす、善であると言いくるめると。そして逆に他の上の非なきを見て是ならずと。それは正しくないと、誤っていると決めつけると。それを見濁といわれる。善導大師は、見濁をこういう言葉で定義しておられます。

文字通り自己の思想の絶対化であり、問い返しをもたないということですね。そういう一切の問い返しを許さない思想なり信仰の絶対化でございます。そういう問題が、今日いかに人間の営みというものを根底から危うくさせているかですね。まさにそういうことが「手に髑髏を執り、血をその掌に塗らん」というような、そういう姿までをも現じてくると。それが、今日私たち仏教に学ぶものにとって、いちばん深い問題として教えられてあるということを問い直していかなければならない、聞き直していかなければならないのではないかと思っております。

《質問　五》

なぜ真宗の本堂では、お釈迦さまを安置しないのですか。

《質問に答えて》

二尊教

この質問をいただきまして、一応ずっと読んでまいりまして、いちばん最後に来ましてギョッといたしました。迂闊にもそういうことをあまり考えたことがなかったものですから。「本堂・お内仏になぜお釈迦さまを安置しないのか」ということなんですね。いきなり足元をすくわれたような気がしましてギョッとしたんです。これをやはり根本的にというか、だいたい教えられていますこと、本堂にお釈迦さまを安置しないと、そのことについて諸先生方がどういうようなことをおっしゃっているか、そういうことは私は存じません。ですから自分だけの受けとめなのですけども、お話したいと思います。

善導大師の「散善義」に「二河白道の譬喩」が説かれています。

> 「須臾に西の岸に到りて善友あい見て喜ぶ」というは、すなわち衆生久しく生死に沈みて、曠劫より輪回し迷倒して、自ら纏うて解脱に由なし、仰いで釈迦発遣して指えて西方に向かえたまうことを蒙り、また弥陀の悲心招喚したまうに藉って、今二尊の意に信順し

て、水火二河を顧みず、念念に遺るることなく、かの願力の道に乗じて、捨命已後かの国に生まるることを得て、仏とあい見て慶喜すること何ぞ極まらんと喩うるなり。

（「信巻」聖典二二一頁）

とこうありまして、そこに「発遣の釈尊」と「招喚の弥陀」という「二尊の意」という、いわゆる「二尊教」ということが押さえられています。善導大師は、この二尊教ということを明らかにしてくださったということがあるわけです。そこに釈尊の勧めによって、弥陀に帰すると。ですから釈尊を尊ぶということは、釈尊が勧められ願われたその弥陀一仏に帰すると、この私が弥陀一仏に帰するというところに、この釈尊の成就ということもあるわけでしょう。

これは天親菩薩がすでに、

世尊、我一心に、尽十方無碍光如来に帰命して、（世尊我一心　帰命尽十方　無碍光如来）

（『浄土論』聖典一三五頁）

とうたわれています。最初に「世尊よ」と。いわゆるこの釈迦牟尼仏に向かって呼びかけて、そして自らの選び取ったといいますか、自らがその身をもって帰命尽十方無碍光如来と、そのことにひたすらに生きるというそういう願心がうたわれているわけです。ですから、帰するのは弥陀、その弥陀に帰せしめられたのは、釈尊の発遣によるというわけですね。

そういう関わりについて、法然上人は「釈尊は浄土を捨てて娑婆に出て、そして人々を浄土へと発遣したもう」と、それから「弥陀は娑婆に出て、その娑婆の苦悩というものを通して願を起こされ、願を成就して、そこに西方に立ちたもう」と、そういう意味のことを法然上人はおっしゃっておられます。「発遣」ということは、自らが帰したものが発遣できるのでありまして、「浄土を捨てて穢土に出て、穢土の人々をして浄土へ発遣する」とこういう姿なんだと、こういうことを法然上人は押さえておられます。その意味で阿弥陀一仏ですね、阿弥陀如来一仏をもって本尊とすると、そういうことがそこには立てられてきているわけでございます。

阿弥陀如来一仏を本尊とする

ただ、その場合に、これは『宗憲』の第九条でしたかね、本尊というところで「本派は、阿弥陀如来一仏を本尊とする」という言葉がございます。それを聞かれますと、ご門徒の方はその一仏ということに非常にこだわられるといいますか、ある意味ではショックをもたれるのですね。何か一仏というと他の仏は全部否定して、真宗門徒は阿弥陀さんだけを尊ぶんだと、こういう意味で「阿弥陀如来一仏」という言葉を聞き取られる。そのことにやっぱり抵抗感をもたれる。

文字通り諸仏、さらにいえば神、氏神とか家に神棚があると、そういうことの中で生活してこられた、そういうところから非常に抵抗を感ずるということで、この一仏ということが、よく問われることでございます。

しかしその時には、これはまあ妙なことを覚えているものでありまして、子ども時分から映画が好きで、よく連れて行ってもらったり、あるいは自分でこっそり行ったということがあるんです。当時、映画館では劇映画の前には身近なマンガが上映されておりました。題名もストーリーも全く忘れましたけれども、それはある少年忍者のマンガでありまして、朝起きますとその少年忍者は自分の家から箱を持ち出してくるわけですね。それで、その箱の蓋を開けますと、中に肘から上の手がいっぱい入っているんです。少年は、その手をずっと見渡してですね、今日はどの手でいこうかとこういうわけです。それで、この手にしようかといって一本抜き出して、つまりどういう忍法を使うかですね。それが「この手でいこう」と、そういうセリフが出てくるのです。妙にそのことが印象に残っていました。一仏という言葉を聞きますと、何かそういうたくさんの仏さまがいらっしゃるけれども、この手でいこうと、この仏でいこうというような、まあ、どうも何か、そういうイメージをもたれるようでございますね。

なぜ阿弥陀一仏なんだと、こう詰め寄られるわけですね。そういうように詰め寄られますと慌ててしまいまして、阿弥陀さまはこういう徳があると、こう阿弥陀さまを選ぶ必然性を、そういう阿弥陀さまの徳に求めるという形で、阿弥陀さまをある意味では絶対化していくということがございます。

もしそういうことなら、仏さまや阿弥陀さまを、いくら御本尊といいましても、阿弥陀さまより選ぶ人間の方が偉いことになります。選ばれるものより選ぶもののほうが上のはずでございましょう。すると我々のほうが上に立っているようなことになりますね。いったいなぜ阿弥陀如来一仏と。あれもこれもではその信心は疑われることでございますから、やはりそこに選び、選択ということがあると、こういうことになるのですけれども、これはやはりそうではなくて、私はつまり「阿弥陀如来一仏だけがこの私を選び取ってくださっている」という意味だとこう思っております。そのように学んでおります。一仏ということを選ぶということは、相手から選ばれるということがあってはじめて成り立つのですね。お見合いをしまして、この人だと思って自分は選びましても、相手が知らん顔をしておられますと、縁なき衆生でございますね。やっぱり相手が選んでくれなければ、私の選びは成就しない。何かそういうこともあるわけでして、こちらだけの選びではなくて阿弥陀如来の選びということを抜きにしてはいえないのであります。

阿弥陀如来の選び

その意味におきまして、浄土ということを願われるということも、曇鸞大師が、

龍樹（りゅうじゅ）菩薩（ぼさつ）・婆藪槃頭（ばそばんず）菩薩（ぼさつ）の輩（ともがら）、彼（かしこ）に生まれんと願ずるは、当（まさ）にこのためなるべしなら

くのみと。（「証巻」聖典二八六頁）

といわれています。このように、安楽浄土、弥陀の浄土がとくに願われるというのは、それはこのことにあるということを曇鸞大師が押さえておられるのです。

そして「当にこのためなるべしならくのみ」という。「このため」というのは、その前にある「観仏本願力　遇無空過者」というあの不虚作住持功徳成就の一文の解説に、

また言わく、「すなわちかの仏を見れば、未証浄心の菩薩、畢竟じて平等法身を得証す。浄心の菩薩と、上地のもろもろの菩薩と、畢竟じて同じく寂滅平等を得るがゆえに」とのたまえり。（「証巻」聖典二八五頁）

とこういう言葉がございます。これは菩薩の十地ですね、初地から七地まで、これを「未証浄心の菩薩」とこう呼ばれます。そして八地が「浄心の菩薩」、そして九地と十地が「上地の菩薩」。これは別の言い方もございますが、一応こういうことですね。この浄心の菩薩、上地の菩薩になってはじめて寂滅平等を得ると。けれどもこちらは浄心をさとっていないと。未だ浄心を身に成就していない菩薩ですから、寂滅平等ということが成り立つはずがない。この「未証浄心」ということは、「作心」ということで押さえられています。

作心をもってのゆえに、名づけて「未証浄心」とす。（「証巻」聖典二八五頁）

と、つまり自然ではないと。そこに自分の意識が常に握りしめられていると。ですから、して

いることは仏法のことであっても、している心は自らの努力、自らの作心ということにとらわれている。その意味で「未証浄心」とこういわれる。

もう一度あらためて見ますと、

作心をもってのゆえに、名づけて「未証浄心」とす。この菩薩、安楽浄土に生まれて、すなわち阿弥陀仏を見んと願ず。阿弥陀仏を見るとき、上地のもろもろの菩薩と、畢竟じて身等しく法等し、と。(「証巻」聖典二八五~二八六頁)

つまり上地の菩薩と同じ徳を身に得ることができると、こういうことがあげてございます。「畢竟じて」というのは、いちばん一般的な意味は遺余なしということですね。遺余なしということは、つまり例外なしということです。例外なくそうなるというのは、畢竟という言葉のいちばんもとの意味でございまして、例外なく必ず皆そうなるというのが、畢竟ということなのです。しかしここで、曇鸞大師は畢竟というのを、もう少し違った意味で押さえておられます。

畢竟とは、未だすなわち等しというにはあらずとなり、と。畢竟じてこの等しきことを失せざるがゆえに、等しと言うならくのみ、と。(聖典二八六頁)

とこういう微妙な言い方をしておられます。これは安田先生が他のところで「いまだその力なくして、その徳をたまわる」という言い方でおっしゃったことがありました。

ここの畢竟は、そういう意味でございますね。「未だすなわち等しというにはあらず」と。つまり、「いまだその力なくして」です。しかも「畢竟じてこの等しきことを失せざるがゆえに」、その徳を失わない、その徳を身に得ると。そういう意味で畢竟という言葉が使われています。そしてその一点において、龍樹菩薩も天親菩薩も、ともに弥陀の浄土を選び取られる。その弥陀の浄土に生まれんと願ずるということが押さえられているわけでございます。

待対の法

このことをもう一つ具体的なかたちで言葉をあげておられるのが、善導大師であります。「待対の法」という言葉を善導大師は使っておられます。「待対」というのは、言葉をなぞっていえば、待ち対えるということ。つまりこの私を待ち、この私に対えてくださっている法という意味が、「待対の法」という言葉で押さえられているかと思います。これは、

> 問いて曰わく、もし解行不同の邪雑の人等ありて、来りて相惑乱して、あるいは種種の疑難を説きて「往生を得じ」と道い、あるいは云わん、（「信巻」聖典二一八頁）

という問いに対して答えられたものです。つまり信じているところ、歩んでいるところの違う人が来て、弥陀の浄土を願い求めるということに対して、「往生を得じ」と、そういう批難・批判を加えるということがあるだろう。それに対して、

> 汝等衆生、曠劫より已来、および今生の身・口・意業に、一切凡聖の身の上において、つぶさに十悪・五逆・四重・謗法・闡提・破戒・破見等の罪を造りて、未だ除尽することあたわず。しかるにこれらの罪は、三界悪道に繋属す。（「信巻」聖典二一八頁）

その存在を三界悪道にしばりつけると。続いて、

> いかんぞ一生の修福念仏をして、すなわちかの無漏無生の国に入りて、永く不退の位を証悟することを得んや。（「信巻」聖典二一八頁）

どうしてそういうことはお前たちの上に成り立つということがあるか、という批判をするだろうと。それに対して、

> 答えて曰わく、諸仏の教行数塵沙に越えたり、識を稟くる機縁、情に随いて一にあらず。たとえば世間の人、眼に見るべく信ずべきがごときは、明のよく闇を破し、空のよく有を含み、地のよく載養し、水のよく生潤し、火のよく成壊するがごとし。これらのごときの事、ことごとく「待対の法」と名づく。すなわち目に見つべし。千差万別なり。
> （「信巻」聖典二一八頁）

そこから、仏法の法門ということがずっとまた展開されますが、そこに「待対」ということは、単に「明るさ」と「闇」、「空」と「有」、そういうものを相対して押さえるということではなくて、そのはたらきが押さえられているわけですね。明はよく闇を破る、空がよくあらゆる存

在を含み込む、包み込む、大地がよく一切のものをその上に載せ養う、水が潤いを与え、火がよくものを育成したり、壊滅したりすると。つまり何に対えられた法なのかということが押さえられるわけでございます。そして、それが実は、この問いにありました「十悪・五逆・四重・謗法・闡提・破戒・破見等の罪を造りて、未だ除尽することあたわ」ざる、そういう存在に対える、そういう存在にすでに対えられている法、そういう意味をここに押さえられてございます。

「待対の法」という言葉をもっと感動的にあらわしておられるのは、親鸞聖人の「真仏土巻」におきまして、第十二願と第十三願があげられますが、そこに、

> すでにして願います、すなわち光明・寿命の願これなり。（聖典三〇〇頁）

というように、「すでにして」という言葉がございます。目覚めてみればすでに応えられていたということです。私の問題がすでに応えられていたという意味で、「すでにして願います」といわれる。

それから「化身土巻」に入りますと、ここでは第十九願と第二十願ですが、

> ここをもって釈迦牟尼仏、福徳蔵を顕説して群生海を誘引し、阿弥陀如来、本誓願を発してあまねく諸有海を化したまう。すでにして悲願います。（聖典三二六頁）

と、「すでにして悲願います」と押さえられております。

そして、第二十願もわざわざそこに、やはり繰り返して、

> しかればすなわち釈迦牟尼仏は、功徳蔵を開演して、十方濁世を勧化したまう。阿弥陀如来は、もと果遂の誓いを発して、諸有の群生海を悲引したまえり。すでにして悲願います。
>
> （「化身土巻」聖典三四七頁）

と、やはり「すでにして悲願います」という言葉を親鸞聖人はあげておられます。

私はこの「すでにしています」というこの言葉は、親鸞聖人がまさにその善導大師のいわれる「待対の法」ということを自らの身の上で頷かれた言葉であると、そういうように受け取っております。そういう「すでにこの私に対えられていた」、「この私は選び取られていた」という、そこに阿弥陀一仏という意味があるわけでございましょう。

仏が私を選んでくださっていた

諸仏は自ら行を積み、ここまで来なさいと、来るのを待つ姿でございます。だが阿弥陀如来はそうではなくて、この阿弥陀如来の方がすでにして願を発しておられたということですね。

そのことを特に、我々の宗にありましては、御本尊は立っておられる阿弥陀如来でございます。立っておられるというのは、それこそ対えられているという、もしくは私に向かって歩み出て来られているということを象られているわけでございますね。

私たちは、御本尊は、立っておられるのが阿弥陀さまだと思っておりますが、決してそうではございません。たとえば宇治の平等院の御本尊は阿弥陀如来ですが、座像でございますね。阿弥陀如来といえば立っておられるということでは決してございません。そしてこれは、善導大師が「仏にして立ち上がるということは、仏にあるまじきことだ」と、「軽挙」(「定善義」真聖全一、五一四頁)という言葉を使っておられますね。仏がのこの立ち上がって来るということは、逆に衆生の心を混乱せしめるということですね。そのために「軽挙」だと。何で阿弥陀仏はそういう「軽挙」な姿をとるのかということに対して、善導大師は「定善義」で解説されています。

三悪の火阬臨臨として入りなんと欲す。もし足を挙げてもって迷いを救はずは、業繫の牢、何によってか勉るることを得ん。斯の義のための故に、立ちながら撮りて即ち行き、端坐してもって機に赴くに及ばざるなり。(真聖全一、五一四頁)

といわれています。

韋提希は今まさに三悪の火阬に落ち込もうとしていると。「三悪の火阬に臨臨として入りなんと欲す」と。ですから目覚めを待っているわけにはいかない。だから立ち上がって、そして歩み寄ってとらえると。「立撮即行」という、こういう言葉を善導大師は使われます。そこに「待対の法」ということの意味も、押さえられてくるかと思うわけでございます。

そういうことの全体を一口でいえば、それこそ親鸞聖人の、

弥陀の五劫思惟の願をよくよく案ずれば、ひとえに親鸞一人がためなりけり。

（『歎異抄』聖典六四〇頁）

というあの感動ですね。その感動において阿弥陀仏一仏を本尊とするということが、そこに押さえられるわけであります。その一仏に帰していくその歩みを常に、『阿弥陀経』のところですが、証成・護念・讃嘆という。特に証成護念ですね。この私の帰命の歩みを証成護念したもうよき人々として、そこに七高僧、聖徳太子あるいは親鸞聖人、蓮如上人が安置されてあるわけでありまして、釈尊というのは、阿弥陀仏の中に、阿弥陀仏一仏というところに釈尊のいのちというものがすでに込められてあると、そういうことだと私はこういう質問をいただいて自分でこう問うてみて、そういうことではないかと思ったわけです。特に「すでにして願います」というそういう感動とともに、そこに自ずと、私が選ぶのではなくて、やはり私の気持ちとしては仏が私を選んでくださっていたという。

このことが先ほどの曇鸞大師のですね、「為物身」ということを知らないという。この「物」はいうまでもなく衆生、人々を指すわけですが、端的に押さえれば我が為の身と。「実相身」は文字通り、その法をあらわす身でございます。ただ仏を対象的に仰ぎ見ているというだけならば、実相身にしか触れていないわけですが、そこに先ほどの「信巻」の、

いわく如来はこれ実相の身なり、これ物の為の身なりと知らざるなり。（聖典二一四頁）

この「物の為の身」、それをつづめていえば、この私のための身ということをそこに感ずる。つまり、招喚の勅命を聞くと。私のための身ということは、その身を挙げてこの私を招喚したもうと、そういう意義をそこに感ずる。そこに阿弥陀仏一仏を本尊として帰命するということが押さえられてくるのでないかというように思っております。そこのところはまた、そういう言葉を通してお考えいただけますならばと思います。

《質問　六》

仏法の話を聞いて、それでどうなるのですか。

《質問に答えて》

教えを聞いても変わらない我々の根性

いろいろと仏法の話をお聞きいただいて、聞いてそれでどうなるんだというご質問ですが、それに対しては「どうもなりません」ということなんですね。

これは『蓮如上人御一代記聞書』の六四条ですが、

衆生をしつらいたまう。しつらうというは、衆生のこころを、そのままおきて、よきこころを御くわえそうらいて、よくめされなし候う。衆生のこころを、みなとりかえて、仏智ばかりにて、別に御したて候うことにては、なくそうろう。（聖典八六七頁）

「しつらう」というのは、お客様を迎えるときに部屋を整え、庭先を綺麗にするとかいうことです。迎える喜びをもって整えるというのが「しつらう」ということなんです。「衆生を整える」のだと、「しつらうというは、衆生のこころを、そのままおきて」と、つまり私たちの心を変えてくださるのではないんですね。「そのままおきて」でございます。これは仲野良俊先生のおっしゃりかたをお借りしますと、「もう如来もお手上げだと」。我々の根性というもの

は、教えを聞いて変わるというようなそんなものではない。ですからそこに、

そのままおきて、よきこころを御くわえそうらいて、よくめされなし候う。衆生のこころを、みなとりかえて、仏智ばかりにて、別に御したて候うことにては、なくそうろう。

（聖典八六七頁）

とこういうようにおっしゃっておられるんですね。つまり我々の心を根本的に変えるということは仏でもできないと。それほど我々の根性というものは変わらない。つまり無明の深さと願心の深さは同じなんでしょう。

その徹底した無明性に堪えて起こされている願心である。それは無明性をなくせるということではない。ある意味で虚しいとわかっていても願わずにおれないという、そういう心ということがあらわされるわけです。そこに「よきこころを御くわえそうろう」という、それだけが聞法ということの大事な意味なんだということになりますね。その「よきこころ」というのは、仏法の智慧のこころですね。それを「御くわえそうろう」ということですね。

つまり私たちの根性は直らないけれども、その根性を悲しむ心を与えられるということでございましょう。我々は、仏法に遇わなければ自らの根性を立場にして、「これが人間というものだ」と開き直りもするわけでありますし、「欲望のままに生きる」というのも当然だということになるのでしょう。そうではなくて、そのことを深く悲しむという心をたまわる。そして

そういう自らの在り方を悲しむという心こそ大事な心ではないか。

自らの在り方を悲しむ心をもつ

今日いろいろな分野の人が触れておられるのですが、「もし人類の歴史になお未来がありうるとしたら、それは人間が自らの在り方を悲しむ心を本当に深くもつことだ」と。

そしてこれは友達の藤元正樹君からいわれたわけですが、「今の学校には対策しかないのではないか」と。「悲しむ心はあるのか」ということをいわれました。事件が起こるたびに対策、対策で走り回る。それに対して「そういう事件が起こった。そういう子どもを抱えておる在り方そのものをどこまで悲しんでおるのか。悲しみのないところで対策だけを立てるなら、事件が収まればそれで忘れていく心でしかない」といわれました。

やはり私たちの教化ということで申しましても、教化ということにおいてどこまで人間の悲しみということが悲しまれているか。人間の弱さとか愚かさということをどこまで悲しむということがあるのかですね。それがなければ結局上から知識を与えていくというようなことに留まるのではないか。知識はどれだけ身につけましても、それでどうなるのだということになるのでしょうね。

衆生としての心は少しも変わらない。しかしそこにそのことを悲しむ心が呼びさまされる。

その時には、やはり一つひとつのところに立ち止まり、問い直すということが始まるのでないか。私はそういうように思います。何か聞法会をして、そうしたら一挙にこうなったという、そんなことはあり得ないことだと思います。

あとがきにかえて

愚鈍の感覚—人間、この不確かなるもの

今年の十一月二十一日は、宮城顗先生のご祥月命日、十三回忌であります。早十二年となり、先生の友人やご縁のあった方々も少なくなってきましたが、そのような中で、この十三回忌を期して、改めて先生が遺してくださった課題、その願いを受け止め直そうと思い立ったのが、この本の出版企画となりました。すでに『宮城顗選集』が出版されていますが、そこに収められなかったご講義であります。

本書は、真宗大谷派三重教区教化委員会主催の育成員研修会における、宮城先生の三年連続のご講義であります。この講義録は、すでに三重教区教化委員会において冊子にして教区内寺院に配布されていましたが、先生の十三回忌を機縁に、より多くの方々にこのご講義にふれていただきたい、そのことを願いとして、前三重教区教化委員長にお話申し上げましたところご快諾をいただき、新たに編集出版の運びとなりました。

三重教区では、二〇一一年の宗祖親鸞聖人七百五十回御遠忌を期して、二〇〇三年、二〇〇四年、二〇〇五年と三年にわたって「宗祖親鸞聖人の荷負われた課題—自らの課題を『教行信証』に聞く—」という一貫したテーマで、宮城先生にお話しをお願いされました。原本は、このテーマをそのまま書名として掲げ、一年度ずつ三冊本として発行されていましたが、新たに一冊本として編集させていただきました。先生のお話の雰囲気を残しながら、先生を知らない方々にもお読みいただけるようにと、章立てをし項目を設けて言葉を添えさせていただきました。

特に、書名につきましては、初年度のご講義の冒頭の言葉を受けて、新しく「教行信証はなぜ書かれたか」とさせていただきました。

三重教区の育成員研修会は二日間で、初日は先生のご講義、それを受けて参加者の座談会が行われました。そして座談会で出された質問を受けて、二日目の講義となっています。その質問は、必ずしも講義に即したものだけではありませんが、先生は一晩悩まれまして、翌日の講義となります。今日、あらためて講義録を読み返しますと、質問された方以上に、なおその問いを深めてくださっていると、感慨を新たにしております。

改めて思い起こしますと、先生は二〇〇八年に亡くなっておられますが、この当時は体調の優れないところを押してご出講くださったのでした。確か三年目の時であったかと思いますが、ご講義の合間に控え室のソファーに横になられていたことを記憶しています。滅多に見ないお姿でありました。談笑はされていましたが、たいそうお疲れのご様子で、それから程なく、旅先の宿舎で倒れ、やがて九州の病院に入院されました。

本講義の中にも、またその他多くのところでなされたお話の中にもなんども取り上げられた言葉に、『浄土論註』の「火摘（かてん）の譬え」があります。それは、

譬えば火摘して、一切の草木を摘（つ）んで、焼きて尽くさしめんと欲するに、草木未だ尽きざるに、火摘すでに尽きんがごとし。その身を後（のち）にして、身を先にするをもってのゆえに、方便と名づく。（「証巻」聖典二九三頁）

という言葉です。この文中の「その身を後にして、身を先にする」という言葉を押さえて、「身を先にする」でなくて「身先んず」、身が先になることだと、ねんごろに教えてくださったことが思い起こされます。

そしてこの譬えと重なるように、安田理深先生の通夜において先生の奥様が、

「部屋で休ませてもらっている間に、私ももう死のうかなと思いました」

といわれた後に、

「だけどそのときに、ふっと思い浮かんだのが、主人の体でした。ここまで人間、痩せられるものかと思うほど、本当に骨と皮だけになっておりました。そこまで主人は一つの願いに命を燃やし尽くし

て亡くなった。その姿、そのことを思うと、私もまだ死ねないなと思いかえしました。私も少しでも主人が生きたその願いを生きてですね、また人にもお伝えしていきたいと思っています」

といわれた言葉を紹介されて、それを「身先んず」る具体的な姿として、安田先生が亡くなられたことを受け止めておられます。そして、金子大榮先生が常々語られていたという「真の命は波及する」という言葉を憶念されながら、

「自分の存在をあげて、法を問い返す。その問いを尽くして、この法というものを新たに受け止めて行かれた。そういう姿において伝わるものである」

ということを感銘深くお話してくださっているのです。

その意味で、宮城先生のご生涯は、仏法を聞思する姿勢を自らの課題として問い返し、問い直しされた歩みではなかったのか、つまりそれはそのまま私どもにとって「その身を後にして、身先んず」というお姿そのものでなかったか、と改めて受け止め直させていただくことであります。

そして最終年度の講義では、すでに前年に取り上げてくださった西谷啓治先生の言葉が紹介されています。それは、

「現にこの社会に生きている一人の人間として自分を、仏法に生きている者、学んでいる者として振り返る時、不確かなものを自分に感じられるはずだ」

という言乗であります。西谷先生の「良心」という問題の展開なのですが、宮城先生はご自身を振り返って「不確かなものを抱えている」といわれます。そしてそのことを、親鸞聖人が名のられた「愚鈍」ということを素通りしてきたのではないかと、深い悲歎を通して問題を投げかけてくださいます。さらに、

「現代、人間としての在り方というものが尋ねられますときに、実はそういう「愚鈍」として自らを問うていく感覚というものが、今一番人間として大事な問題になっているのではないかと、そういうことを強く感ずるわけでございます」

という言葉が続いています。

三重での育成員研修会のテーマは、「宗祖親鸞聖人が荷負われた課題―自らの課題を『教行信証』に聞く―」ということでありましたが、先生はこの「愚鈍の感覚―人間、この不確かなるもの」という言葉で、研修テーマに応答してくださったのだと思います。講義録を読み返す中で、そのように受け止めていますが、仏教は答えではなく問いが大事であるということを、耳にたこができるほど聞きながら、実際には先生の問いを答えとしてぶら下がっているのが、私ども、いや私の姿でありました。

晩年は体調が悪い中、そのお身体で全国を駆けめぐり、求めに応答してこられた先生の聞法の姿勢に、私自身、本当に問うべき問いを持ち得たのかと、今更ながら身の引き締まる思いをいたしております。

本書は、本福寺住職宮城朗様、また三重教区教化委員会のお許しをいただき出版する運びとなりました。編集に携わってくださった黒田進、蒲池義秀、門井斉、松林了の諸兄に、また法藏館満田みず、和田真雄の両氏に厚くお礼を申し上げ、あとがきにかえさせていただきます。

二〇二〇年一〇月一日

真宗大谷派三重教区慶法寺住職　藤井慈等

宮城　顗（みやぎ　しずか）

1931年、京都市に生まれる。大谷大学文学部卒業。大谷専修学院講師、教学研究所所員、真宗教学研究所所長を歴任。真宗大谷派本福寺前住職。九州大谷短期大学名誉教授。2008年11月21日逝去。

教行信証はなぜ書かれたか

二〇二〇年一一月二一日　初版第一刷発行

著　者　宮城　顗
発行者　西村明高
発行所　株式会社　法藏館
京都市下京区正面通烏丸東入
郵便番号　六〇〇-八一五三
電話　〇七五-三四三-〇〇三〇（編集）
〇七五-三四三-五六五六（営業）

装幀者　野田和浩
印刷・製本　中村印刷株式会社

ISBN978-4-8318-7921-9 C0015

宮城顗の本

念仏が開く世界　二七八円

僧にあらず、俗にあらず　確かな生き方を求めて　一、二〇〇円

真宗門徒の生活に自信を持とう　一、〇〇〇円

後生の一大事　一、〇〇〇円

自覚なき差別の心を超えるために　一、二〇〇円

〝このことひとつ〟という歩み　唯信鈔に聞く　二、八〇〇円

正信念仏偈講義　全五巻　二七、六七〇円

宮城顗選集　全一七巻　宮城顗選集刊行会編　各七、〇〇〇円

①論集　⑧⑨嘆仏偈聞記、本願文聞記Ⅰ Ⅱ

②〜④講座集Ⅰ〜Ⅲ　⑩〜⑬教行信証聞記Ⅰ〜Ⅳ

⑤⑥講演集Ⅰ Ⅱ　⑭⑮浄土文類聚鈔聞記Ⅰ Ⅱ

⑦浄土三部経聞記　⑯⑰浄土論註聞記Ⅰ Ⅱ